数据分析与决策
技术丛书

精益
数据分析

数据驱动商业决策与业务增长

石强 ◎ 著

U0361824

LEAN DATA ANALYSIS

Data-driven for Business Decisions and Growth

机械工业出版社
CHINA MACHINE PRESS

图书在版编目（CIP）数据

精益数据分析：数据驱动商业决策与业务增长 / 石强著 . —北京：机械工业出版社，2024.3

（数据分析与决策技术丛书）

ISBN 978-7-111-74429-0

Ⅰ. ①精… Ⅱ. ①石… Ⅲ. ①数据处理 - 应用 - 商业经营 - 经营决策 Ⅳ. ① F715.1-39

中国国家版本馆 CIP 数据核字（2023）第 243125 号

机械工业出版社（北京市百万庄大街 22 号　邮政编码 100037）
策划编辑：杨福川　　　　　　责任编辑：杨福川　董惠芝
责任校对：王小童　王　延　　责任印制：常天培
北京铭成印刷有限公司印刷
2024 年 3 月第 1 版第 1 次印刷
147mm × 210mm · 8.5 印张 · 188 千字
标准书号：ISBN 978-7-111-74429-0
定价：89.00 元

电话服务	网络服务	
客服电话：010-88361066	机 工 官 网：	www.cmpbook.com
010-88379833	机 工 官 博：	weibo.com/cmp1952
010-68326294	金 书 网：	www.golden-book.com
封底无防伪标均为盗版	机工教育服务网：	www.cmpedu.com

当下，我们在经历着一场不可逆的数据变革，越来越多的行业和个人被卷入其中，主动或被动地要去学习和使用数据、数据工具，以便提升自身的工作效果。本书很好地从行业从业者角度，为大家介绍行业中数据的真实应用案例，非常具有参考价值。

——王正刚　阿里巴巴前高级算法技术专家

在任何决策场景中，数据思维都是必不可少的。作者洞察商业的核心，通过深度剖析商业链路和阐述商业决策要点，展现了数据在决策分析中的价值，从而指引了数据化运营体系的建设和发展方向。

——徐金鑫　领世科服副总裁、阿里巴巴前技术专家

刚看到书稿时非常惊喜，市场上结合业务讲数据分析的好书并不多，较多的书籍内容聚焦在统计方法和工具的使用上。作者将创新创业过程中的实际业务与在该领域深耕多年的数据经验相

结合，用真实的运营场景来阐述运营逻辑，有理论，有实操。

—解路禄　ROBKOO CEO、
阿里巴巴前高级产品专家、微信高级产品经理

　　结合人工智能和区块链技术，元宇宙中的商业应用将迎来更大的发展。不论何种商业应用和产品形态，都离不开业务经济模型的设计和经济系统的稳定。作者所提炼的商业数据模型是对经济模型的数据演绎和知识发现，帮助在元宇宙驰骋的人洞察先机、规避风险。

—王睿　同济大学副教授、博士生导师，
上海区块链应用服务工程技术研究中心副主任

　　"从用户中来，到用户中去"的核心运营理念离不开数据化决策。本书以宏微相济、内外畅通的方式，深入浅出地讲清了业务数据化运营之本质。作者分享的20多种商业模式及产品涵盖了近年来主流的在线业务创新和热点应用，以生态化和平台化运营视角把握数据化运营业务全景，将数据分析贯穿于业务场景。可以说，本书是互联网从业人员学习数据化运营的集大成之佳作。

—张中天　百度富媒体事业部前总经理

　　数据已经成为商业领域的重要资产，数据思维也成为商业决策中的重要能力。作者常年在一线参与商业分析和数据决策，结合众多商业模式给出了实用性很强的数据分析方法论，创建了一种以数据思维结合商业、管理等众多专业的新思路，是所有从事商业决策、业务管理和创业者的必备书籍之一。

—许可　丰农控股互联网事业部总经理

书中裂变模式的深度解析和实践经验数据分享，对搭建病毒式增长体系意义重大。要想制定适配业务的高增长裂变机制，是不能浮于表面来看问题的。作者深度解析了裂变模型及其逻辑，展示了融合应用案例的数据模型，帮助业务人员形成系统化的裂变思维，以很好地指导用户增长。

—曾小环　众安保险增长产品负责人、
爱奇艺互娱事业部前产品负责人

全书用通俗易懂的语言、极具实战价值的方法论为我们深入浅出地阐述了不同产品阶段的数据驱动方法，实为互联网产品、运营、行业人员的进阶必备教材。更加难能可贵的是，作者分享了海量不同领域的实践经验，让我们能够细致地了解和学习到各种产品形态的数据模型，帮助产品实现正向闭环。

—何寅　深圳星创科技事业部负责人

不论成熟业务还是创新业务，"从0到1"是所有精益创业过程中需要真实面对的问题。在"0～1"阶段，商业决策的正确性和准确性显得尤为重要。作者在书中系统和详细地阐述了富有成效的数据驱动方法论，逻辑清晰且商业案例丰富，能够有效地应用于商业决策和业务分析，有助于决策者、创业者、管理者和投资人更深刻地思考、筹划和复盘其参与的产品项目。

—李博海　非程创新（中非创投孵化平台）创始人

企业数字化转型已是大势所趋，数据作为核心生产要素之一，如何实现数据价值变现也一直是企业（数据）管理者需要思考的问题。本书作者结合自己丰富的项目实战经验，并通过对不

同商业模型和产品形态的深入剖析，提炼和沉淀了一套针对商业决策和业务增长的数据分析方法论，对于企业业务分析和数据化运营极具参考价值，值得仔细研读。

——赵军科　南洋万邦大数据产品总监

这是一本兼具理论与实操的"学习宝典"，它立足于数据和商业模型，助力不同行业及角色的业务决策。作者秉承实践多年的深厚经验，紧紧围绕"数据"和"商业"这两个关键词，从数据分析逻辑入手，帮助读者铺垫数据思维。作者还从商业模型、用户与产品等角度逐层深入，剖析了业务增长背后的关键点，多维度启发读者思考适合自有业务增长的框架和方法。相信读者能从本书中获得收获。

——魏伟　美团前资深数据产品专家

金融行业的数字化转型首先要从观念转起，只有数据思维才能够改变企业思考问题的方式，并发现潜在的客户需求与增长机会。本书作者结合自身的最佳实践，分享极具代表性的案例给创业者和企业管理者。决策人员掌握并深刻理解书中的数据分析方法论，有助于帮助企业构建优于对手的竞争优势。

——章炯　诺亚财富数字化专家

本书讲解了全链路的业务精益分析，帮助数据技能人员了解业务的数据化要点，深入浅出地介绍了如何使用数据分析来解决实际业务问题，比如如何帮助产品提升留存率、如何助力裂变等。作者所提炼的数据分析方法论，放之四海而皆准。数据技能人员、产品经理、业务运营等依赖数据的从业者，通过学习本书内容能够练就优秀的数据思维。

—彭晓芳　字节跳动数据专家

本书深刻总结和梳理了业务数据分析全流程，所提炼的北极星指标反映了业务本质。书中的数据分析方法论贯穿不同产品形态的业务流程。同时，作者还对不同业务模块中的关键点进行了详细的说明和指导，帮助依赖数据驱动的从业人员和数据技能人员打通"任督二脉"，让大家能够很清晰地看透本质、把握全局。

—刘承明　趣头条集团前数据分析师

本书堪称为赋能业务、驱动业务发展的"数据参谋"，能够帮助我们提升全链路业务认知和商业思维水平。书中针对不同模块业务的关键指标、精益分析方法和数据分析技巧进行说明，可以帮助我们深度理解数据应用逻辑，增强分析师在商业、市场和产品等方面的分析技能，进而更好地展现数据驱动的价值。

—陈禹希　哔哩哔哩数据分析师、美团前商业分析师

（排名不分先后）

|自序|

在参与众多业务和项目的过程中，我发现一些新项目、新产品在起步阶段的发展状况很不理想，一些成熟业务的增长也停滞不前。值得庆幸的是，大家依然对前景持乐观态度，愿意继续努力寻找"最有价值的认知"。当所有人都在高屋建瓴、形象生动地讨论流量、增长、愿景、转型时，商业决策者、管理层、投资人、业务人员等业务方对于获得业务数据的内在认知及逻辑的需求更为迫切。

更多从业者，特别是与数据关系紧密、对数据的需求比较高的人，更想针对业务工作中不可避免要回答的问题进行探讨，比如，某个业务或产品能不能做，能带来多少市场效益，盈利水平如何，哪些是关键指标，业务模型如何优化调整才能达标和超预期等。此外，人们想了解近些年存在哪些具有代表性的商业创新应用，以及它们的商业模式、业务逻辑、增长方法和量化水平。因此，对近些年的互联网热点商业创新和应用实践进行系统化的总结尤为必要。

商业创新、商业决策和业务发展离不开数据，数据层面可以很完整地体现商业决策的全链路。"细节决定成败"，数据就是关键细节，业务问题本质上是不同程度的数据问题。不同商业模式、创新应用和业务增长的经验都可以沉淀到数据层面，通过在数据层面的系统化融合、分析和展现，让人们对互联网上半场中经典商业创新、热点应用的商业链路和数据驱动的分析方法有更完整、更深度的认识。

分享和总结最新、最先进的商业数据分析经验，从数据层面指导商业决策制定和业务增长，可以让读者对商业及数据有系统化的理解。于是，我结合自己参与的众多商业产品的数据经验，反复思考，完成了本书。书中很多产品的业务模式在商业市场上颇具代表性和先进性。本书把不同业务形态的商业数据链路进行整合、提炼，形成了全链路、系统化的数据驱动方法论，力图从数据的角度解答、突破业务问题，帮助从业者提升商业数据思维能力和业务数据认知水平，从而优化商业决策和业务策略。

需要说明的是，即使在商业决策中充分利用了数据，商业创新业务在破茧成蝶的道路上也依然艰辛，成熟业务实现高质量的有效增长也依然不会触手可及，正如《苏世民：我的经验与教训》中所提到的："志存高远，会让你不纠结于当前的不堪。"除了关注业务当前的状态和即时利益，决策者、创业者和管理者更需要思考的是，计划做或正在做的业务是不是一项长期且正确的事情。"长期"具体是多久，主要看产品模式和战略定位。任何事物都存在生命周期，在项目启动前，我们应该有清晰的认识。商业创新过程中，不论启动还是中止，业务的发展进程都遵循着一定的原则，其中也包括建立数据驱动的原则，找到、理解和应用这些原则，是一种突破。要把更多的"不知道"变成"知道"，知道得越多，认识得越深刻，方向就更容易选择正确，创新过程才能更顺利。

互联网经过蓬勃发展，经历了在各行业的广泛应用以及用户流量特征的变化，虽然现在已经步入新的发展阶段，但永远脱离不了用户。用户端作为所有经营消费的原点，是各行业、产业互联网的基础，人性的维度丰富多彩，创新的发力点很多。即使现在很多方向或赛道已经被既有竞争对手所占据，但是随着社会的发展和新技术的变革，更多、更新的商业模式和产品玩法也会逐步显露出来。

星巴克创始人霍华德·舒尔茨在《将心注入》中说道："每一段经历都为你的下一步做了铺垫，只是你不知道下一步是怎么回事。"唯一确定的是，在这个数据思维已经融入社会方方面面的时代，商业市场依然广阔，创新依然没有停止，商业机会层出不穷，透过数据洞悉商业链路、通过分析数据来驱动决策优化和业务增长依然需要精益求精。

为何写作本书

不论新项目、新产品的创立和发展，还是成熟业务的目标增长，都离不开有效的商业决策和业务策略。新项目、新产品的重点在于商业模式的创新，更多的是聚焦于从 0 到 1 的创业阶段。在这个阶段，正确衡量和准确评估业务的价值空间尤为重要。

在从 0 到 1 的创业阶段，时刻面临着市场波动、目标路径变化和业务快速调整的挑战，这个阶段严重依赖于决策者及业务人员的宏观和微观决策。市面上已有的成熟业务和产品通常已经可以较好地满足用户需求，在商业市场中占有一席之地。这类业务处于"1 ～ 10"（从 1 到 10）或"1 ～ 100"（从 1 到 100）阶段，重点已经转移到产品功能延伸、市场拓展和业务高增长等方面。并不是说"0 ～ 1"阶段的业务就不需要增长，只是创新业务在前期会不断地探索和尝试，用来表征此阶段目标的各种指标的增长更多地保持在一个设定的范围内，是可预期的。

任何业务或产品都需要经历"0 ～ 1"创业阶段，即使大多数新项目、新产品会在启动后的数月或数年内关闭。在"0～1"创业阶段，业务需要考虑的方面更广，需要注意的细节更多。在这个阶段，面向市场的商业决策和面向用户的业务决策的重要性极高，稍有不慎，"0～1"创业阶段的业务就会"夭折"。

在我近几年的工作中，所经历的新业务的中止次数就高达百次。其实，"0～1"创业阶段的业务所需要实现的目标、所实践的方法论和工作流程在早些年就已经有了，也就是众所周知的"精益创业"。精益创业方法论源自硅谷，被很多创业公司或创新业务组织所应用。Eric Ries 的著作《精益创业》首次系统性地将精益创业的思维和科学方法呈现在大众面前。Ash Maurya 的著作《精益创业实战》进一步展示了如何用精益创业这样一种系统、严谨、可靠的实战法来指导创新创业。精益思想不仅仅聚焦于 0～1 阶段，也贯穿于业务发展和增长的整个生命周期。

本质上，精益是一种方法，是指通过适应不断变化的商业环境和条件，倾听和满足用户需求，实验、验证和持续迭代"最小可行产品"（Minimum Viable Product，MVP），实现产品与市场匹配（Product Market Fit，PMF），从而实现业务成功突破，走向下一步发展和增长。《精益创业》总结了所有创新创业过程中需要面对的两个本质问题。

❑ 问题 1：是否应该开发产品。

❑ 问题 2：在耗尽资源之前如何找到真正可行的方案。

对于"是否应该开发产品"，正如 Eric Ries 在为 Ash Maurya 的《精益创业实战》作序时所说的：它涉及客户或用户是否真正需要我们的产品/服务，业务能否盈利、能否持续发展。这个问题的本质是，决策者需要精确评估是否应该投入资源到所预想的业务中，因为一旦业务启动，就需要消耗大量人力、物力和财力。在这个创意阶段，创业者的自信和激情会严重影响他们的理性思考。因此，创新业务启动前的分析与评估极其重要。其中，商业数据及其逻辑分析的重要性不言而喻，我们需要利用当前市场上的商业数据梳理出业务链路，搭建适配的商业数据模型，定义关键指标和目标，分析产品可能存在的差异。这种全链路的精确数据分析才能帮助决策者做出有效的决策。

"在耗尽资源之前如何找到真正可行的方案"是在项目确定启动后，用最小的成本，在最短的时间内找到最有价值的认知，开发出体现业务核心价值的简化原型。在深度思考后，我发现这条原则更早出现在东方哲学中。东方哲学注重实践的检验，在理性认识形成后，要检验它是否正确地揭示了事物的本质和规律，即将它应用到实践中，看它是否能够达到预定目标。所有新项目、新产品的参与者都想找到最终可行的方案，正如 Ash Maurya 在《精益创业实战》中所说的，虽然一切答案都在客户或用户那里，但你不能直接问他们想要什么。其实，在互联网业务中，产品上线后就能够收集到很多数据，虽然我们不知道用户的真实需求，但数据会告诉我们。业务人员和数据专业人员可以利用数据分析工具来不断地验证和洞察用户需求，数据指标的数值大小也会告诉我们所有需求的实现紧急程度、重要性和优先级，从而实现产品的持续迭代。

大多数新项目和新产品都会以失败告终，但这个残酷的事实依然无法阻挡人们的创新尝试和前进的步伐。Eric Ries 在《精益创业》中提到新业务失败的原因之一是创业者经常处于跟着感觉走的状态。

随着社会的发展、技术的革新以及与互联网的深度融合，我们一直在探索和尝试新的商业模式，打造更精细化的产品和运营体系。这不仅需要我们基于用户需求，更重要的是我们要理解用户的追求。在"0～1"创业阶段，基于市场定位和计划提供的产品、服务，调研、收集商业数据，再回到经营问题，准确合理地进行定量分析与评估，这样才能对问题做出定性结论。此时，商业数据链路上的认知显得尤为重要。

成熟业务的增长主要集中在"1～100"阶段，所面临的问题可以归结为第三个本质问题。

❑ 问题3：如何确保业务增长目标达成或超出预期。

业务增长主要包括用户规模、营收规模或利润规模等方面的增长，反映了业务的发展速度。同时，我们也需要考虑增长质量。解决第三个问题需要商业决策、业务决策和策略的优化，仍然需要延续精益思想和流程。首先需要将业务目标拆解为指标，定义不同层次的关键数据指标，建立指标测算模型。通常，我们可以按照业务流程和考核目标将业务拆解成不同的业务单元，比如业务组织、增长获客、产品与运营、商业变现等。不同业务单元所涉及的关键细节存在差异，需要运用精益数据分析方法对业务进行深度优化。例如，在用户洞察方面，我们需要分析用户行为和产品路径是不是最优匹配，产品对用户的黏性是否达到行业水平和设定的预期，以及用户访问频率和活跃度的量化程度等，以制定提升用户付费率的业务策略。

总体来说，以上3个问题都属于商业决策，反映了经营和管理方面的问题。"是否应该开发产品"侧重于经营，考虑的是想做的事情是否正确，新项目、新产品需要选择正确的方向。而

"在耗尽资源之前如何找到真正可行的方案"更多是管理问题，表达了需要正确做事情。"如何确保业务增长目标达成或超出预期"既属于经营问题又属于管理问题，反映了在各细分领域不仅需要选择正确的方向，还需要做得更好。无论经营还是管理，都涉及商业决策和业务增长方面的问题，其中大多数关键决策因素都需要通过数据进行量化分析和判断。

我认为，在业务商业思考、创新思维顶层、市场变化和执行方法中，都需要重视数据。只有理解了数据在精益流程"开发—测量—认识"循环中的重要作用和逻辑，才能做出正确的决策和实现增长，才能使发展之路顺畅。

商业决策和业务增长需要多方面（比如管理和产品等）的方法论作为指导。管理方法论的重点在人，主要表现在人才管理、组织管理和沟通协作上；产品方法论侧重于物，主要体现在美学设计、功能和流程等方面。本书总结了我参与、了解、熟知的业务的全链路经验，提炼和沉淀出一套相对简明清晰的数据方法论及其应用模型，希望能帮助读者在商业和业务的思考与实践中取得更好的成果。

本书主要内容

本书结构清晰，共 17 章，分为三部分，各部分内容简要介绍如下。

第一部分（第 1～4 章）主要介绍了数据分析体系、常见的基础数据指标和关键的北极星指标，为读者后续部分的学习奠定基础。

第二部分（第 5～10 章）分享了近几年市场上最新、典型和热门的业务模式，并阐述了不同业务模式的商业数据模型及逻辑，使读者能够清晰地了解不同业务的商业链路、数据逻辑和核心指标的量化水平。这一部分首先阐述了通用商业数据模型，然后根据商业属性，讲解了免费产品、游戏产品、付费产品和金融产品四大类业务中经典细分产品的商业数据逻辑及应用案例，从数据维度反映了商业决策优化中需要重点考虑的因素。

第三部分（第 11 ～ 17 章）阐述了完整业务链路中涉及的关键业务模块，以及不同业务模块中涉及的精益数据分析方法，以指导业务深度优化和赋能业务增长。

本书读者对象

- ❏ 决策者，比如创业者、企业管理者、投资人等。
- ❏ 业务人员，比如业务负责人、项目负责人、产品经理，以及从事业务运营、市场运营、用户增长、商业变现、战略咨询等工作的人员。
- ❏ 数据相关技术人员，比如数据分析师、商业分析师、投资分析师、商业咨询师等。

除了以上提及的读者对象，本书还适合其他相关人员阅读，包括商业咨询人员、数据服务机构人员，以及高等院校金融、经济、统计学、大数据相关专业的师生。

本书特色

与讲述数据分析或商业分析的传统技术图书不同，本书立足于商业和业务视角，侧重阐述商业洞察、商业数据和业务逻辑等方面的经验。本书呈现了一套完整的、系统化的数据驱动方法论，能够很好地帮助读者在商业决策和业务增长方面进行全链路思考。

本书可以满足读者的如下需求。

❑ 了解近几年市面上最新的、典型的、热点的业务模式及其商业逻辑。本书对 20 多种最新的业务模式进行了数据维度上的全链路提炼和总结，内容新颖。

❑ 了解不同业务模式的商业数据模型及逻辑，以及经典案例的商业数据量化水平。

❑ 学习商业数据和业务分析中关键的北极星指标、核心数据指标体系和数据分析工作流程。

❑ 了解完整业务链路中涉及的关键业务模块，以及驱动业务优化和增长中涉及的精益数据分析方法、参考案例。

勘误

由于作者水平有限，书中难免存在纰漏，恳请读者批准指正。读者有任何建议和反馈，均可通过邮箱（stev809000@gmail.com）与我联系。

|目录|

第一部分　面向北极星指标

　　不论业务采用何种商业模式，找到正确的数据指标才能找到正确的方向。北极星指标是产品价值和商业目标的基石，像北极星一样闪耀在空中指引前进的方向。

　　第一部分主要帮助读者全面了解数据分析体系，认识数据指标。本部分将详细讲述互联网产品的北极星指标，包括留存、K系数和用户生命周期价值等，通过剖析这些北极星指标的内部逻辑和应用方式，形成系统化的业务数据指标应用方法论，指导读者抓住北极星指标，即产品业务的内核指标，避免关注不能体现产品核心价值的虚荣指标。

第 1 章

C H A P T E R

全面了解数据分析体系

拥有完整的数据分析体系和方法论，才能对数据思维融会贯通。了解数据分析体系，才能在不同的业务场景建立合理的分析逻辑并运用合适的分析方法解决业务问题，达成目标。本章主要介绍数据分析所包含的内容，包括数据分析的概念及工作流程、定义有效的数据指标、业务数据指标、数据分析技术方法和数据分析赋能业务等。

1.1 数据分析的概念及工作流程

数据是描述事物的符号记录，是构成信息或者知识的原始材料，同时数据也是信息的载体和表现形式。信息和知识是数据的内涵和升华。随着信息化和数字化社会的到来，数据的作用和重要性不言而喻。通过收集、获取和了解数据，我们可以弥补对客观世界和现实环境的信息差。通过分析数据，我们可以更全面地了解事物的隐含信息，提升认知。在当前各行各业的工作中，数据已经成为不可或缺的一部分，同时数据需要通过分析才能为我们提供有价值的帮助。

数据分析是针对业务目的，采用适当的数据加工和统计分析方法从数据中提取有用的信息，并进行研究、判断和概括，从而形成结论的过程。数据分析通过实施有计划、有流程、有逻辑的行为，帮助解决问题和指导决策制定。贴合业务、逻辑严密、条理清晰的数据分析真正做到了"让数据说话"，成就洞若观火的决策。从宏观战略层面到微观战术层面，数据分析都是必不可少的，例如战略层面的行业研究、市场调研、项目规划、商业机会等，以及战术层面的产品设计、业务运营细节策略等。任何人都会或多或少地与数据打交道，各行业从业者都需要运用数据分析技能来协助完成岗位工作内容，比如市场商务、用户增长、产品设计、业务运营、财务、人事等岗位人员，都需要熟练使用数据分析工具，提升数据思维。

不同角色的人员对数据分析的需求不同，决策者关注数据分析在商业决策、行业市场判断、业务规模等方面的运用效果和结果，以便更好地思考市场，而业务执行人员希望利用数据分析找到优化策略来解决具体的细节问题。不论何种目的，在通过数据进行商业投资分析、市场分析、财务分析和战略分析时，我们都需要深度结合业务内容，因为只有熟悉所参与的业务，才能知道业务当前面临的痛点和问题。也就是说，熟悉业务、解读数据、寻找业务痛点、使用分析方法、提炼策略建议是任何人利用数据分析出业务价值和问题的必要环节。通常，数据分析所面向的业务内容并不是单一的，比如：对于面向销售、营销的业务，客户定位、促销措施、商品定价等也属于业务内容；对于用户型产品，除了产品本身，还需要了解用户心理学和用户体验，"懂用户"才能理解用户的真实需求，分析出来的结论才更具价值。

数据分析涉及一套完整的工作流程。首先，结合业务场景和业务逻辑，明确分析需求。然后，依次进行数据采集、数据清洗处理、数据指标设计、数据展示、逻辑分析、总结和结果呈现。对于用户流量型产品，采集的数据包括内部数据和外部数据。内部数据包括用户账户数据、用户行为数据等客户端中采集的数据，交易数据、资金、日志等服务端中采集的数据。外部数据包括第三方数据、市场行情数据、用户调研数据等。当数据量大且属性定制化时，数据的采集、处理和分析通常需要采用相对复杂的手段。

数据展示是指使用数据可视化手段，将数据信息或者结论用直观的表格、图形进行展示，方便人们查阅和使用。更复杂的数据展示还可能需要借助商业智能（Business Intelligence，BI）系统。BI系统能够实现自动化监测、更新数据和动态可视化展示，也可以依据不同的业务场景和数据需求构建不同的可视化报表，为业务提供直观的数据展示。在数据指标设计时，我们需要基于不同的商业环境和业务场景，结合业务需求，把能够全面反映业务内容、逻辑链路和业务重点的信息在数据层面抽象并统一，设计通用化和定制化的有效数据指标。

在对比较复杂的需求进行逻辑分析时，我们需要采用统计学原理和技术分析方法。对于更为复杂的业务问题，可能需要转化为数据技术模型问题，建议通过机器学习模型或者算法来辅助解决。通常情况下，逻辑分析更侧重业务内容，因此，提取业务逻辑，将其映射到数据层面，转化为链路清晰的商业数据逻辑和业务数据逻辑更为重要。

数据分析通过多种多样的方法来剖析业务问题。通过数据分析来解决业务问题也被称为业务分析。业务分析的含义更为广泛，通常具象的业务都涉及数据，数据分析是实现业务分析的手段和途径，业务分析也表达了数据分析的内容。开展业务分析之前需要进行业务需求分析，因为只有基于业务理解，厘清业务目的，才能明确业务需求。业务分析涉及很多单元模块，比如产品、运营、财务模块。不同业务模块的分析需求和目的不一样。业务数据指标的设计是业务分析至关重要的环节，因为只有提炼各项关键数据指标，建立匹配的数据指标体系，才能应用分析方法进行进一步的数据分析，进而及时发现业务问题，提出优化策略，为决策者和管理者的评估判断和商业决策、业务人员的运营决策提供参考依据和客观支撑。

通过持续的经验积累，我们还可以形成更高阶的数据分析方法论。数据分析方法论融合了数据思维、数据分析原理与业务经验，更能够延伸格局和扩展视野，从更高的维度看待市场，优化商业决策，驱动业务增长。

1.2　定义有效的数据指标

数据指标是指能够真实反映业务实际情况的统计口径。若定义的数据指标存在歧义或者不能很好地反映业务逻辑，那么数据分析得出的结论和判断会出现很大的偏差甚至是错误，最终会对业务决策产生负面影响。因此，我们需要结合业务定义出有效的数据指标。

有效的数据指标一定要符合简单易懂、准确反映问题、可量化和可比较的原则。即使在不同的统计周期，数据指标也需要确保含义明确，不存在概念差别。不同类别的多个有效数据指标以一定的逻辑进行组合就构成了数据指标体系，数据指标体系代表了能够反映业务问题和指导业务发展的指标集合。

依据指标的不同属性，数据指标可以分类为相关指标与因果指标、先见指标与后验指标、细分指标与汇总指标等。如果两个指标的变化方向一致，且属性定义相近，那么它们就是相关指标，比如当日的新用户数和活跃用户数。如果一个数据指标的变动是另外一个指标的变化引起的，它们具备因果关系，那么它们就是因果指标，比如人均付费金额和总营收，在用户数量一定时，人均付费金额的提升直接导致总营收上升。先见指标代表该指标对于最终的目标存在一定的预测性质，比如基于用户点击行为的综合评分系数，通常用于后续推送新闻内容时的精准推荐。后验指标更多用于事后分析。细分指标代表了某个关键业务细节的数据情况；汇总指标通常是宏观数据，用于了解整个业务或项目的经营情况。

数据指标依据业务的不同层面，还可以进行分级，通常划分为3个级别。第一级数据指标是汇总指标，全面地反映业务规模和宏观层面。第二级数据指标是业务单元模块或部门级别的关键指标，反映了完整业务链路中不同业务单元或部门的模块信息。第三级数据指标是更为细分的数据指标，通常是上一层级指标在某个细节维度的深入拆解，反映了该维度上的深层次信息。

不论哪种类型的指标，或是哪个级别的指标，都是维度和量度的结合。维度反映了业务维度，比如用户规模维度、资金维度、商品维度等，包括用户指标、营收和成本指标、商品平均价格指标等。量度是具体的数值或所属的量化水平范围，代表了可量化、可比较的含义。

业务分析中有效的数据指标很多，我们一定要抓住最关键、最重要的指标，也就是第一关键指标。这些指标通常被称为北极星指标。业务或产品上的北极星指标基本相同，北极星指标的数量较少，但通常也不是只有一个。北极星指标作为业务或产品在当前阶段引领战略和战术的核心指标，是业务逻辑及数据链路的浓缩和提炼。一旦确立，所有的决策和策略上的努力都需要以提升北极星指标为基准。

在运用数据指标指导业务时，一定要避免虚荣指标。Croll所著的《精益数据分析》一书中提出了一个很经典的术语"虚荣指标"。虚荣指标代表了单一维度的指标，通常是数量相关的指标，而核心指标是可付诸行动的，通常是比率相关的指标或量比结合的指标。

核心指标一定是有效的数据指标，能够反映一个完整的业务链路或者某个关键的业务逻辑，并且核心指标的调整可以带来业务的实质变化。虚荣指标包括注册用户数量、点击量、页面访问次数等。它们不能体现产品的核心竞争力和实际价值，也无法为业务的下一步决策方向提供指导，反而会让我们有一种业务在有效增长、一派欣欣向荣的错觉。核心指标通常比较精练，比如新用户的留存率、活跃用户的人均付费金额、付费率等，能够真实地反映出用户对产品的依赖程度。当然，不同业务的数据指标不一样。虽然不同业务的数据指标体系存在差异，但是定义有效的数据指标的原则是一致的。

1.3　业务数据指标

不同业务的数据来源、分析目的、业务需求不同，业务内部的各业务单元或模块所关注的内容也存在差异，于是针对不同业务所定义的数据指标很不一样。不同的业务都存在定制化指标，即使某个数据指标属于通用化指标，但也可能该指标的定义在不同业务中存在差别。我们在分析应用时需要结合业务的数据指标进行分析，不同类型的业务存在不同的数据指标。

对网站或网页进行分析时，通常需要了解当前访客行为，根据访客特征优化网站或网页。实时访客的数据指标包括近一段时间内的 PV（Page View，页面浏览量）、UV（Unique Visitor，独立访客数）、IP 数、平均访问时长、不同地域的访问用户占比、新访客数量和占比等。网站的投放推广分析中，可依据投放关键词数量和命中次数进行推广优化。分析页面时，经常用到页面浏览量、平均停留时长、页面跳出率等指标。针对网站转化效果，通常需要利用转化次数、转化率等数据指标进行转化分析。

企业型产品的指标包括申请体验使用的企业用户数、付费用户数据、营销转化率、续费率等。内容型产品的指标包括和内容本身相关的指标，比如创作者数据、提交内容的作者数据、内容规模数据，以及阅读、评论反馈和传播数据等。内容型产品的内容通常涵盖图文、视频等信息，比如每篇图文内容阅读的数据指标有送达展示数、打开率、阅读次数、阅读人数、收藏人数、转发次数、转发率、评论次数等。公众号作为内容型产品，还存在更为定制化的指标，比如文章的原文阅读次数、阅读文章的传播来源数据分布等。公众号的用户数据指标中，总关注人数、新关注人数、取消关注人数、净增加关注人数、关注来源（搜索、二维码或分享传播）数据等都是在公众号运营分析时不可或缺的。

移动互联网产品的用户规模很大，涉及的分析模块更多，也更具业务深度。我们在对互联网产品进行行业市场、竞品、需求、运营、用户体验、用户画像、资金等方面的分析时需要用数据指标。

用户是流量型产品的使用者，使用者的行为构成了产品运营的完整链路，所以一切产品运营工作都聚焦于获取新用户、提升留存、提升转化、提高传播效用、提高营收。

在互联网中不论何种业务，业务链路和用户运营流程基本相似。获取新用户也称"拉新"，是指通过一定的推广方式让陌生用户了解产品，并转化为使用产品的用户。用户获取成本是拉新最重要的数据指标。若通过投放广告的方式拉新，那么代表推广成本的数据指标代表了更细分层级的指标，比如CPM（Cost Per Mille，每千次广告曝光价格）、CPC（Cost Per Click，每次点击价格）等。DNU（Daily New User，每日新增用户数）和DAU（Daily Active

User，每日活跃用户数）是产品用户规模的关键指标。反映产品的用户黏性指标包括留存率、人均访问次数、访问时长、召回率等。优化这类指标，能够减少用户的流失。用户分享次数、分享率、裂变 K 系数、NPS（Net Promoter Score，净推荐分值）作为用户裂变传播和推荐的关键指标，是产品竞争力的体现。

业务营收涉及商业变现方面的数据指标。商业变现就是产品通过一定的方式获取收益，其中平均每用户贡献收入、用户生命周期价值、营收规模和利润等数据是需要重点关注的。若是付费产品，还存在付费相关的数据指标，比如付费订单量、客单价、商品销售额、复购率、GMV（Gross Merchandise Volume，成交金额或流水）等。

总体来说，新增、活跃、付费等方面的数据指标在产品运营分析中经常用到。用户群体属性分布、用户分层、用户分群等侧重用户画像方面的数据指标主要用于用户洞察方面的分析。全面了解业务中所涉及的数据指标，有助于理解业务现状，方便进行业务数据分析。

1.4 数据分析技术方法

结合业务理解和分析经验，采用一定的数据分析技术方法对数据进行分析，才能获得准确的结果以解决业务问题。业务人员掌握和使用基本的数据分析方法即可。复杂业务场景或复杂数据处理会涉及有一定技术难度的分析技术方法，这类场景中的数据分析通常需要数据专业技能人员参与。数据分析中的各种技术方法仅仅是工具和手段。利用数据分析方法进行业务分析时，关键是将业务逻辑转化为数据逻辑。

数据分析技术方法分为 3 个层次：描述型统计分析、验证型统计分析和预测型统计分析。描述型统计分析通过数据统计特征、数据表或图形等，对业务中蕴含的数据规律进行量化描述，侧重于展示信息。验证型统计分析是通过分析方法或模型对既定假设进行验证和评估，侧重对数据结论和结果的准确性校验。预测型统计分析是利用模型发现的内在规律对关键数据变量进行预测，该数据变量会影响分析结论。

常见的基本数据技术分析方法包括分组分析法、对比分析法、漏斗分析法、下钻分析法、象限分析法、归因分析法、数学公式分析法等，概要说明如下。

❑ 分组分析法是依据分析对象的某个特征或维度进行分组，对不同组的指标进行分析，比如不同年龄段人群的平均身高数据是依据年龄维度进行分组。分组分析法通常需要结合对比分析法使用。

❑ 使用对比分析法时，要注意纵向和横向维度的比对，比如不同业务的相同指标参考基准等。

❑ 漏斗分析法通常用于链路转化评估分析，通过将业务的重要环节进行串接，分析每个环节的影响和转化情况，可用于互联网用户行为分析。

❑ 下钻分析法其实是对维度层级拆解，拆解到能够定位问题的子维度以进行深入分析。

❑ 象限分析法是将多个数据指标排在一起进行分析，将定量的指标提炼成定性的总结分析，在不同象限上直观反映出来。四象限分析就是典型的象限分析法。

❑ 归因分析法和数学公式分析法的用途较广，它们能够表
达出复杂的数据逻辑，可以将各种因素都考虑到，同时
每个因子也可以进行下一层级的拆解和表达。

数据分析技术方法中对数据的表达和分析经常会用到数据的
统计量特征，比如均值、中位数、众数、标准差、方差、百分位
数等，有时还会通过概率分布（比如高斯分布、几何分布、二项
分布、泊松分布等）来表达数据中蕴含的规律信息。具有一定技
术深度的经典数据分析方法如下。

❑ 抽样分析：主要包括随机抽样、系统抽样和分层抽样。

❑ 相关分析：利用 Pearson 相关系数分析出两个变量间的关系
（包括强度和方向），可用于关联分析和挖掘。通常，Pearson
相关系数大于或等于 0.8 可认为两者高度相关，低于 0.3
则认为两者不相关。

❑ 主成分分析：利用正交降维，减少特征和数据量，精练
地表达数据信息。

❑ 因子分析：利用协方差提取数据中的共性因子。

❑ 聚类分析：通过计算欧式距离，利用聚类算法对数据进
行聚类，属于无监督的机器学习方法。

❑ 假设检验：利用卡方检验、正态分布检验来验证两个数据
集是否存在显著性差异，也叫显著性检验，用于两种数据
的验证分析，比如产品改版前后某个关键指标的变化。

❑ 回归分析：验证数据间是否存在某种线性或非线性规律，
并提取出来。

❑ 分类分析：依据数据特征将其分类，获得分类的数学模
型，属于有监督的机器学习方法。

可以发现，在上述分析技术方法中，相关分析、假设检验等属于验证型方法，回归分析和分类分析属于预测型分析。不论采用简单的数据分析技术方法，还是采用具有一定技术深度的数据分析技术方法，一定是建立在业务逻辑之上。在数据上能够准确地表达出业务逻辑，才能发现问题并解决问题。

1.5　数据分析赋能业务

数据分析有助于贯彻数据驱动的经营理念，赋能业务洞察和优化。数据分析的本质是通过对业务内容和业务逻辑的转换与反映，有效支撑大小决策和策略的制定。在工作流程中，数据埋点、数据处理平台和 BI 系统数据报表都是进行数据分析时的底层支撑。业务上更重要的是理顺反映业务链路的核心数据指标体系，通过用户画像来洞察用户需求变化，通过策略实验来评估、验证、提升业务效果。

工作流程中的各方人员都会参与数据分析。决策者、管理者和投资人更注重数据分析对商业市场的判断。业务人员偏向于在策略执行过程中解决业务问题。数据专业技能人员侧重于完成复杂的数据分析工作并总结反馈。

数据分析在实际工作中的流程可以总结为"3S"（See the situation、Summarize and find problem、Solve and optimize，即看数据、找问题、想办法）。第一步，"看数据"主要是各方人员查看报表、统计信息等已经呈现出来的业务数据，目的是看清业务现状，熟悉业务环节。第二步，"找问题"指的是总结和发现问题，通过商业数据模型、增长／产品留存／裂变／现金流／用户特征等维度的数据分析和总结，找到业务当前的问题。第三步，"想办法"就是思考解决方法，给出优化建议和策略，并进行策略实施量化，评估效用。在进行产品、运营、市场等全业务分析时，拆解目标、全局分析才能确保整体的正向结果。

各方人员都需要建立数据驱动的思维，通过数据协作流程，使得分析结果准确、有效，并主动总结、跟进落地执行。这些对于数据分析赋能业务、促进业务正向增长尤为重要。

产品第一指标：留存

留存（Retention）一直是互联网产品的第一指标，它反映了产品的用户黏性。满足用户需求的程度越高，用户使用时间越长，留存就越好。留存率数据针对的是某批次的新增用户，批次的时间周期为自然天、周或月等，通常以天为单位，也就是DNU（Daily New User，日新增用户数）。通常，7 天内的留存属于产品的短期留存，几个月之后的留存称为长期留存，不同业务对时间周期的定义不同。留存率本质上是一种转化率，反映了陌生的新进用户对产品从不稳定状态逐步转化为活跃和忠诚状态的过程。表 2-1 为某款小型手机游戏产品在 6 月 1 日结束时刻的留存率示例，其中"1 日后"留存率就是次日留存。某些数据统计平台还会使用"第几日留存"来表示，比如"第 3 日留存"其实就是"2 日后留存"。

表 2-1   留存率指标数据示例

日期	DNU	留存率					
		1 日后	2 日后	3 日后	7 日后	14 日后	30 日后
06-01	19 841						
05-31	23 487	24.5%					
05-30	27 709	22.9%	15.1%				
05-29	25 018	25.4%	14.9%	11.6%			
05-28	30 545	24.6%	17.2%	12.0%			
05-27	28 020	24.3%	16.3%	14.1%			
05-26	30 359	25.3%	16.4%	13.2%			
05-25	26 272	25.6%	16.8%	13.1%	7.2%		
05-24	32 640	23.3%	15.7%	12.2%	7.4%		
05-23	27 944	25.3%	15.0%	11.5%	7.1%		
05-22	26 632	25.8%	17.1%	13.0%	6.9%		
05-21	24 305	26.7%	17.7%	13.4%	7.3%		
05-20	18 406	26.2%	18.0%	13.6%	7.0%		
05-19	20 987	24.5%	15.9%	12.1%	6.2%		
05-18	16 272	25.4%	17.2%	14.1%	7.2%	5.5%	
⋮	⋮	⋮	⋮	⋮	⋮	⋮	
05-02	22 350	22.1%	15.3%	11.8%	7.0%	4.2%	1.8%

互联网业务规模常用 DAU（Daily Active User，每日活跃用户数）来表征，简称"日活"。其实，DAU 是 DNU 与用户留存两者一起作用的结果。随着 DNU 的留存，每天的活跃用户数累积叠加。DAU 与 DNU 的关系如图 2-1 所示。可以发现，两者之间的影响因素就是留存率。DNU 与 DAU 的比值就是日活用户

中的新用户占比。稳定期时，该比值越低，说明用户留存越好，也就是留存率越高。

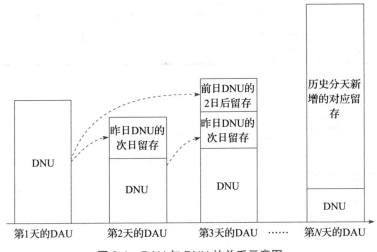

图 2-1　DAU 与 DNU 的关系示意图

2.1　留存率曲线

移动互联网产品的留存率随着时间的推移而衰减，留存分布服从经典指数模型，即 n 日后的留存率 r_n 为

$$r_n = \alpha \times n^{\beta}$$

其中，参数 α 为留存率曲线初始值，也就是次日留存率（通常简称为"次留"），参数 β 为衰减因子，n 为时间天数。

表 2-2 和图 2-2 展示了某些经典移动应用在稳定期的留存情况。可以看到，轻度小游戏的留存率曲线在最下方，代表该类产品的留存率衰减很快，用户黏性相对较差。

表 2-2　某些经典移动应用产品在稳定期留存参数

编号	典型产品示例	α	β
A	移动资讯应用	60%	−0.4
B	知识通关问答型移动应用	45%	−0.5
C	小视频应用	36%	−0.55
D	轻度小游戏	28%	−0.65

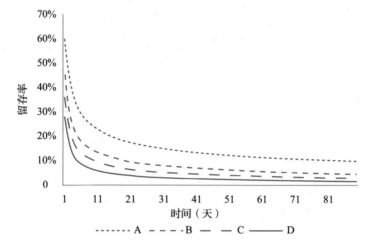

图 2-2　对应上表中不同移动应用的留存率曲线

互联网产品留存率的衰减变化在心理学上属于艾宾浩斯遗忘曲线。该曲线描述了人类大脑对新事物的遗忘规律，同时表明人类的遗忘进程并不是均匀的，开始时的遗忘速度很快，然后逐渐放缓。因此，一个产品的黏性从次日留存、3 日留存、7 日留存等前期表现就基本可以看得出来。

留存率曲线可以划分为 3 个周期：留存率曲线的前一部分为用户流失期，用户的流失最严重；中间一部分为用户蒸馏期，留存率会逐步小幅下降；最后一部分为稳定期，留存率衰减很慢，呈现长尾且稳定状态。通过留存率可以洞察用户流失规律，在关键节点加以利用，提升用户活跃。

2.2 累计贡献日活数

用户从注册当天开始在某个时间周期内贡献日活的累计数就是累计贡献日活数。新用户来到的当天就贡献了 1 个日活数，从次日开始，累计贡献日活数的数学表现为留存率曲线下方的面积大小。这个指标非常重要，在后续商业数据模型中经常用到，累计贡献日活数反映了留存的商业贡献价值。

那么在 N 天内的累计贡献日活数为

$$R\_cum_N = 1 + \sum_{n=1}^{N} r_n$$

比如，表 2-2 中编号为 D 的轻度小游戏产品的新用户在 30 天内的累计贡献日活数计算逻辑如下。也就是说，该产品的新用户在 30 天的时间周期内平均累计贡献 3.0 个 DAU，如图 2-3 中曲线下方面积所示。

$$R\_cum_{30} = 1 + \sum_{n=1}^{30} 0.28 \times n^{-0.65} = 1 + 2.0 = 3.0$$

产品上线初期，累计贡献日活数可以使用部分数据进行拟合留存率曲线后计算获得，若已经上线较久，可基于历史数据的加权均值处理获得。

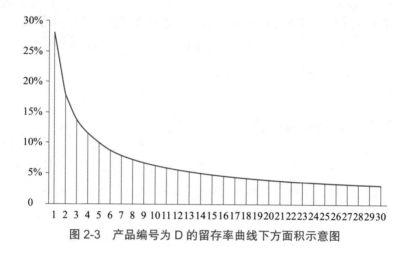

图 2-3　产品编号为 D 的留存率曲线下方面积示意图

2.3　经典数值案例速查表

　　为了方便在实际工作中快速使用，针对已知部分留存率数据，本书基于经典留存率曲线拟合计算出累计贡献日活数，做成了一张速查表（包含 30 组经典数值），如表 2-3 所示。对于某款移动应用产品，若我们已经知晓次日留存率（$r1$）、7 日后留存率（$r7$）、14 日后留存率（$r14$）等，即可快速查得该款产品在特定周期内的累计贡献日活数（R_cum）的相近数值。

表 2-3　经典数值速查表

编号	留存率					累计贡献日活数			
	$r1$	$r7$	$r14$	$r30$	$r90$	R_cum_{14}	R_cum_{30}	R_cum_{90}	R_cum_{180}
1	60%	27.5%	20.9%	15.4%	9.9%	5.3	8.1	15.2	22.9
2	55%	22.9%	16.8%	11.9%	7.3%	4.6	6.8	12.2	17.7
3	50%	25.3%	19.9%	15.2%	10.4%	4.9	7.6	14.9	23.0
4	50%	20.8%	15.2%	10.8%	6.6%	4.3	6.3	11.2	16.2
5	45%	20.7%	15.7%	11.5%	7.4%	4.2	6.3	11.7	17.4

（续）

编号	留存率					累计贡献日活数			
	$r1$	$r7$	$r14$	$r30$	$r90$	R_cum_{14}	R_cum_{30}	R_cum_{90}	R_cum_{180}
6	45%	18.7%	13.7%	9.7%	5.9%	4.0	5.8	10.2	14.7
7	45%	17.0%	12.0%	8.2%	4.7%	3.8	5.3	8.9	12.4
8	42%	21.3%	16.7%	12.8%	8.7%	4.3	6.5	12.7	19.5
9	40%	22.3%	18.1%	14.4%	10.4%	4.4	6.9	14.0	22.3
10	40%	18.4%	13.9%	10.3%	6.6%	3.9	5.7	10.5	15.6
11	40%	15.1%	10.7%	7.3%	4.2%	3.5	4.8	8.0	11.2
12	38%	17.4%	13.2%	9.7%	6.3%	3.7	5.5	10.0	14.9
13	36%	16.5%	12.5%	9.2%	6.0%	3.6	5.3	9.5	14.1
14	36%	12.3%	8.4%	5.5%	3.0%	3.1	4.1	6.5	8.7
15	35%	14.6%	10.7%	7.6%	4.6%	3.3	4.7	8.1	11.6
16	35%	10.9%	7.2%	4.5%	2.4%	2.9	3.8	5.6	7.3
17	33%	15.2%	11.5%	8.5%	5.5%	3.4	4.9	8.8	13.0
18	33%	11.3%	7.7%	5.1%	2.8%	2.9	3.9	6.0	8.0
19	30%	12.5%	9.1%	6.5%	4.0%	3.0	4.2	7.1	10.1
20	30%	8.5%	5.4%	3.3%	1.6%	2.5	3.1	4.5	5.6
21	28%	10.6%	7.5%	5.1%	3.0%	2.7	3.7	5.9	8.1
22	28%	7.9%	5.0%	3.1%	1.5%	2.4	3.0	4.2	5.3
23	25%	10.4%	7.6%	5.4%	3.3%	2.7	3.7	6.1	8.6
24	25%	7.1%	4.5%	2.7%	1.3%	2.2	2.8	3.9	4.8
25	22%	8.3%	5.9%	4.0%	2.3%	2.4	3.1	4.9	6.6
26	20%	6.2%	4.1%	2.6%	1.3%	2.1	2.6	3.6	4.6
27	18%	10.0%	8.2%	6.5%	4.7%	2.5	3.7	6.9	10.6
28	18%	8.3%	6.3%	4.6%	3.0%	2.3	3.1	5.3	7.6
29	18%	5.1%	3.2%	2.0%	1.0%	1.9	2.3	3.1	3.8
30	15%	4.2%	2.7%	1.6%	0.8%	1.7	2.1	2.7	3.3

可以发现，很多互联网产品期望对标的留存率节点规则为"40-20-10"，即次留在40%左右，7日后留存率在20%左右，30日后留存率在10%左右。

在产品使用的后期，通常用户对产品的贡献能力持续变弱，同时用户在后期阶段流失严重，也就是说由于存在用户生命周期的限制，所以可以认为很多产品的留存率曲线在后期是截断的，并不是任何产品的累计贡献日活数都能够用该指标在 180 天或更长周期的计算数值，具体使用哪个周期的数值，需要依据业务特性和用户生命周期时长进行评估。

利用经典数值速查表，将所参与的业务的留存数据进行比对，可以很精准地了解到该产品的黏性在整个互联网行业中所处的水平，也能够比较精准地估算到该产品在关键节点周期内的累计贡献日活数。我们在使用经典数值速查表时，可以结合产品的已有关键节点的留存数据灵活匹配，比如某款移动应用产品的次日留存率为 32%，7 日后留存率为 12%，30 日后留存率为 5.5%，比对时发现，与经典数值速查表中的编号 18 和 19 最为相近，那么可以知道，该产品的一个新用户在 90 天内的累计贡献日活数在 6 ～ 7 范围内。

裂变关键指标：K 系数

　　裂变的类似表征术语包括病毒式传播或口碑传播。裂变这个词形象地描述了用户间相互影响的过程。当存在市场营销动作时，营销投入会提升裂变效率，这种也可以叫病毒式营销或口碑营销。它们仅是裂变的一种手段和途径。当我们的产品或者服务满足用户需求时，用户主动分享，就会形成传播，随之带来裂变。相较于直接在市场买量获客，裂变优点主要在于，用户精准且能够触达到当前买量买不到的用户群体，同时为产品带来良好口碑。

　　1999 年，PayPal 的电子邮件支付产品的用户数增长缓慢，彼得·蒂尔提到需要至少 100 万用户才能维持 PayPal。于是，PayPal 采用了一个新的策略方法，每位新用户注册即可得到 10 美元，每推荐一个朋友来注册就能再获得 10 美元。这个方法帮助 PayPal 以每天 7% 的涨幅增加用户数，相当于每 10 天用户数翻倍。这种指数级增长为初期 PayPal 的发展带来了几十万新用户。

裂变 K 系数（K-factor）也称病毒系数，是指每个使用产品的用户将带来多少个新用户。该系数数值越高，裂变速度越快。病毒系数为 0.1，表明每 10 位用户中有 1 位用户会成功介绍 1 个朋友成为新用户。如果病毒系数大于 1，裂变效应就是几何级增长。

《精益创业》对病毒系数做了简短的说明，主要是提供一种指导思想。由于移动互联网技术的迅猛发展以及流量型商业应用大量出现，企业对裂变效应尤其重视。提高裂变 K 系数、增强裂变效应成为面向 C 端业务的关注点。

2017 年开始，内容资讯类移动应用迅猛爆发。借助微信生态，裂变效应明显，新注册用户数快速增长。结合裂变和网赚[注]特色，各种商业应用快速跟进。国内巨头纷纷推出应用极速版，包括短视频、资讯、网文、工具软件、电商、金融等类型移动应用。

本章基于商业应用的深度实践，对裂变 K 系数展开系统性阐述，帮助决策者、创业者和管理者深度理解裂变效应。

[注] 互联网行业中有一类产品叫网赚产品。"网赚"其实就是网络赚钱，很多人通过这类产品盈利。第 6 章会专门提到这类产品。

3.1 师徒关系

推广员的分享和推广可以吸引更多新用户，裂变过程也反映了用户间的关系。推广员为"师父"，下级为"徒弟"，我们称之为"师徒关系"，映射状态为"1 对 N"，即一个师父可以有多个徒弟，但一个徒弟只能对应一个师父。某个师父的徒弟也可以是另外一个用户的师父，层层衍生，这就是师徒关系链。由于业务激励措施通常只会激励师徒关系链的一个层级（师父 – 徒弟），所以"徒孙"不会被考虑。

整个用户集中，用户师徒关系状态分为 4 种情况：无师父无徒弟、无师父有徒弟、有师父有徒弟、有师父无徒弟。其中，无师父代表该用户在系统中没有上级，并不表示这个用户一定不是推广员带来的，也不代表这个用户真的没有师父。无师父的主要原因在于技术因素未能识别该用户的师父信息，或该用户没有主动填写推广员信息等。同理，无徒弟也不代表该用户一定不存在推广带来的下级。"无师父有徒弟"的用户处于裂变第 1 层级。师徒关系基础数据指标及数值示例如表 3-1 所示。

表 3-1 师徒关系基础数据指标及数值示例

总用户数	1 000
推广员数量	200
推广员占比	20%
徒弟数	500
徒弟占比	50%
平均徒弟数	2.5
最大裂变层级	9

表 3-1 展示了整个用户集在充分裂变状态下的数据。其中，

用于计算平均徒弟数的用户取自推广员集合，也就是说没有徒弟的用户不参与计算。拥有不同徒弟数的推广员人数概率分布如图 3-1 所示。该图表明 60% 的推广员仅有 1 个徒弟。实际上，大部分推广员有很少的徒弟。

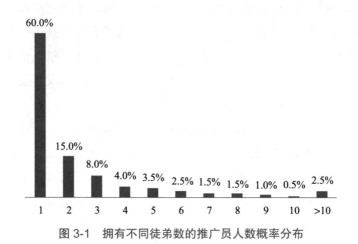

图 3-1　拥有不同徒弟数的推广员人数概率分布

3.2　两种裂变 K 系数

图 3-2 是裂变过程中的裂变层级转化漏斗。推广员带来新的徒弟用户，该用户集合中的部分用户又会成为推广员继续带来新的徒弟，直到最大裂变层级，才会停止裂变。

裂变 K 系数包含两个关键指标：单层裂变 K 系数、累积裂变 K 系数。仅考虑师徒的单层级关系的裂变指标就是"单层裂变 K 系数"，每一个裂变层级都存在裂变 K 系数大于 1 的情形。在总体用户集合中，单层裂变 K 系数的计算逻辑如下。

$$K= 推广员占比 \times 平均徒弟数 = 徒弟占比$$

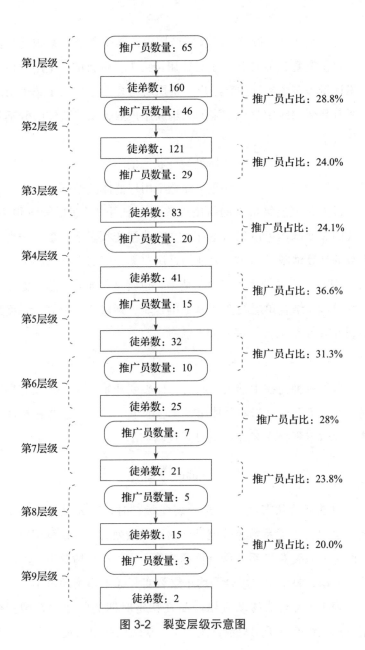

图 3-2 裂变层级示意图

由于裂变会持续下去，实践应用中，累积裂变 K 系数更为重要。累积裂变 K 系数代表了总体用户集中，每新增一个用户相当于累计新增多个额外的新用户。累积裂变 K 系数反映了每个用户在所有裂变层级中累积带来的平均新用户数，反映整体的分享和转化效果。

累积裂变 K 系数由于所处裂变状态的不同，存在两种计算逻辑。一种是在充分裂变状态，即整个用户群体已经基本裂变完毕时，最大裂变层级带来的新用户数相对于用户总量的影响很小，后续的裂变基本可以忽略不计。在充分裂变状态下，累积裂变 K 系数的计算清晰且简单，表征的是用户集合中每个原始种子用户（不是徒弟）平均带来了多少个徒弟，也就是总徒弟数除以原始种子用户数。结合单层裂变 K 系数的逻辑，通过比值换算，最终累积裂变 K 系数的计算逻辑如下。

$$K\_cum = K/(1-K)$$

另外一种为在中继裂变状态，即裂变开始不久，并没有裂变完全时，需要通过当前总体用户集合的单层裂变 K 系数去推演计算，此时累积裂变 K 系数的计算逻辑如下。

$$K\_cum = \sum_{n=1} K^n$$

中继裂变状态演变到充分裂变状态时，若 K 处于 0 到 1 之间，累积裂变 K 系数公式就转变为等比数列之和的计算逻辑，那么两种累积裂变 K 系数所计算的数值一样。通常情况下，不考虑特殊活动，整个用户集合平均单层裂变 K 系数不会超过 1。

表 3-2 为某款移动应用产品在特定时期的师徒关系裂变数据，每层级的种子用户数设定为上一层级的徒弟数量。

表 3-2 师徒关系裂变层级数据

裂变层级	当前层级的种子用户数	推广员数量	推广员占比	徒弟数量	累计徒弟数量	平均徒弟数	当前层级的 K 系数
1		4 023		8 266	8 266	2.1	
2	8 266	2 545	30.8%	7 024	15 290	2.8	0.850
3	7 024	2 793	39.8%	7 974	23 264	2.9	1.135
4	7 974	2 596	32.6%	6 781	30 045	2.6	0.850
5	6 781	2 428	35.8%	6 387	36 432	2.6	0.942
6	6 387	1 933	30.3%	4 767	41 199	2.5	0.746
7	4 767	1 312	27.5%	3 069	44 268	2.3	0.644
8	3 069	878	28.6%	2 275	46 543	2.6	0.741
9	2 275	724	31.8%	1 928	48 471	2.7	0.847
10	1 928	591	30.7%	1 399	49 870	2.4	0.726
11	1 399	500	35.7%	1 413	51 283	2.8	1.010
12	1 413	544	38.5%	1 341	52 624	2.5	0.949
13	1 341	509	38.0%	1 294	53 918	2.5	0.965
14	1 294	463	35.8%	1 086	55 004	2.3	0.839
15	1 086	445	41.0%	987	55 991	2.2	0.909
16	987	316	32.0%	801	56 792	2.5	0.812
17	801	192	24.0%	546	57 338	2.8	0.682
18	546	143	26.2%	248	57 586	1.7	0.454
19	248	48	19.4%	97	57 683	2.0	0.391
20	97	8	8.2%	9	57 692	1.1	0.093
21	9	3	33.3%	3	57 695	1.0	0.333
22	3	1	33.3%	1	57 696	1.0	0.333
23	1	1	100.0%	1	57 697	1.0	1.000

总用户数为 108 163，裂变 K 系数如表 3-3 所示。由于是充分裂变，累积裂变 K 系数两种计算方式获得的数值一样，均为 1.143，即每新增一个用户相当于额外累计新增了 1.143 个新用户，再加上用户本身，那么每新增一个用户相当于累计新增了

2.143 个新用户。若以上数据集合的平均徒弟数增加到 4.1，最大裂变层级在相对充分的状态下可以达到 68 层。

新业务刚上线不久，一般处于中继裂变状态，若等到充分裂变状态后再去分析评估，会错过发展机会。为了准确预估到裂变充分的效果，我们需要通过单层裂变 K 系数计算来获得累积裂变 K 系数 K＿cum 。

表 3-3　裂变 K 系数

总用户数	108 163
推广员占比	21.26%
平均徒弟数	2.51
单层裂变 K 系数	0.534
K_cum	1.143

图 3-3 展示了某款产品的累积裂变 K 系数的真实变化过程。在单层裂变 K 系数稳定后，累积裂变 K 系数其实已经可以知晓。可以看到，过了一周多的时间就可以计算获得 K＿cum ，并不需要等到完整周期的终点。

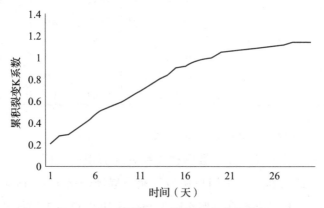

图 3-3　累积裂变 K 系数随时间变化过程

3.3　裂变的时间效率

图 3-4 为某移动资讯应用的裂变效率累积概率密度（Cumulative Distribution Function，CDF）示意图，横轴为徒弟的注册时间与师父的注册时间的天数差。可以发现，超过 95% 的徒弟是在师父邀请的 7 天内注册的，相当于，在一周之内就完成了一层裂变的绝大部分过程，效率比较高。

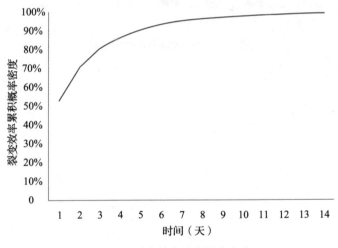

图 3-4　裂变效率累积概率密度

裂变的时间效率与人群规模、收徒情况、激励情况等有关。图 3-5 为某移动应用产品的裂变收徒效率分布图，其中横轴为按师徒注册时间天数差的时间周期，纵轴为时间周期对应徒弟占比。图 3-5 反映了该产品的裂变周期，即在 3 天左右几乎完成了一次完整的裂变。裂变周期体现了裂变效率，裂变周期越短代表裂变效率越高。

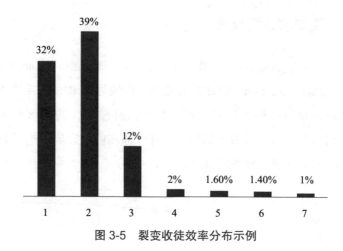

图 3-5　裂变收徒效率分布示例

|第 4 章| C H A P T E R

核心价值指标：用户生命周期价值

　　用户生命周期指用户从首次进入产品到最终离开产品的自然时间。在统计学上，我们可以使用留存率来获得相对精确的用户生命周期。当留存率低于特定阈值时，我们认为该批次用户全部流失。此时，用户使用产品所跨越的时间即可认为是用户生命周期。例如，用户生命周期为 30 天，表示用户通常使用该产品一个月后基本上不会再继续使用。依据用户黏性的衰减速度，通常将上述特定阈值定义为 1% ~ 5% 之间。对于移动互联网快节奏的 C 端产品应用，用户生命周期通常为 14 天（半个月）、30 天（1 个月）、90 天（3 个月）和 180 天（半年）等。表 4-1 是结合经验总结的移动应用用户生命周期。

表 4-1　结合经验总结的移动应用用户生命周期示例

典型产品示例	用户生命周期
移动资讯应用	180 天
工具软件应用	150 天
网赚应用	90 天
小视频应用	60 天
轻度小游戏	30 天

　　由于用户在体验后会很快失去新鲜感，轻度小游戏这类产品的用户生命周期很短。而移动资讯应用或网络文学应用，由于内容存在连贯性，留存率曲线长尾，因此产品的用户生命周期较长。对于一些长线应用，例如复购率高的面向 B 端的 SaaS（Software as a Service，软件即服务）产品，我们会关注月留存率，用户生命周期也可以以月为单位。对于已经实现盈亏平衡的项目，用户生命周期代表了回本的最长时间。

　　用户在生命周期内使用产品为创新项目带来的商业收入，即用户生命周期价值（Life Time Value，LTV），在消费场景通常也可以叫顾客生命周期价值（Customer Lifetime Value，CLV）。互联网产品从用户付费角度分为免费产品和付费产品。对于用户免费使用的产品，商业变现主要来源是互联网广告。用户在使用产品过程中，产品在适当的页面或位置会展示广告，包括开屏、插屏、信息流、Banner、激励视频等。用户观看或点击广告等转化行为会带来收入。免费的移动互联网产品包括移动资讯、小视频、工具软件、免费小游戏等应用。在付费产品中，商业收入较少来自广告，工具软件收入主要依赖会员制的用户付费，中重度手游收入依靠用户的充值，电商产品收入依靠用户的购买分成。

4.1 单日活价值

商业收入的关键指标为 ARPU（Average Revenue Per User，每个活跃用户贡献的日均营收），代表了单个日活的价值。用户通过留存转变为活跃用户。对于移动互联网 2C（To Customer，面向个人用户）产品，从现金流角度看，只要有日活，就有收入。不同类型的产品的 ARPU 存在较大差别。

对于已经上线的产品，ARPU 计算逻辑为日均营收除以日均 DAU。ARPU 是否稳定，除了与市场的波动有关，还与该指标所依赖的 DAU 规模的置信度有关。对于经典的商业模式，ARPU 可以参照类似产品上线后的稳定期数值。特别注意，仅看 ARPU 数据，无法对创新项目或新商业模式的设计进行深度评估，也无法对已上线产品的后续优化调整做出指导，通常需要进一步拆解 ARPU 的产生逻辑。基于日活的统计学角度，ARPU 的产生有两种逻辑，如表 4-2 所示。

表 4-2 ARPU 产生逻辑

产品类型	ARPU 产生逻辑
通过广告变现的免费产品	ARPU = 人均广告曝光次数 × CPM/1 000
用户付费产品	ARPU = ARPPU[⊖] × PUR

表 4-2 中的 CPM 从点击维度计算，CPM = CTR × CPC × 1000；从转化维度计算，CPM = CTR × CVR × 转化价格 × 1000，其中 CTR（Click Through Rate）为广告点击率，CPC（Cost Per Click）为广告点击单价，CVR（Conversion Rate）为转化率。比如，人均

⊖ ARPPU 指平均每付费用户收入，反映每个付费用户的平均付费额度。

广告曝光 10 次，广告点击率为 2%，平均广告点击单价为 1 元，即 CPM 为 20 元，那么对应的 ARPU 是 0.2 元。

表 4-2 中的 ARPPU（Average Revenue Per Pay User）为每个付费的日活用户贡献的平均营收，PUR（Pay User Rate）为用户付费率。若付费产品的 ARPPU 为 200 元，日活用户的付费率为 10%，那么 ARPU 为 20 元。

表 4-3 展示了特定时期的一些移动应用的 ARPU 均值，其中免费产品的商业变现通常来自信息流、开屏等类型广告。

表 4-3 典型移动应用产品的 ARPU 示例

产品	日活量（个）	特点	ARPU（元）
某款移动资讯内容应用	2 000 万	免费产品，用户激励较高，用户每日使用时间较长	0.3
某款短视频应用	150 万	免费产品	0.4
某款小视频应用	20 万	免费产品，小众用户群体	0.7
某款工具软件应用	800 万	免费产品，用户每日使用时间很短	0.15
某款网赚应用	60 万	免费产品，用户激励很高	1.0
某款中重度手游	2 万	小众用户群体，高价值用户充值情况较好	18
某款电商平台应用	100 万	面向下沉市场，用户付费购买性价比高的商品	25

4.2 单用户生命周期价值

一个日活贡献的收入是 ARPU，那么依据留存率，用户在其生命周期内平均累计贡献 R_cum 个日活，用户生命周期价值即单用户 LTV，计算逻辑如下。

$$LTV = R\_cum \times ARPU$$

若表 4-3 中的某款移动资讯内容应用的用户生命周期为 180 天，留存率曲线对应留存数值速查表的编号 1 曲线数值，那么累计贡献日活数 R_cum 等于 22.9，最终，单用户 LTV 为 6.87 元，即平均每个用户在生命周期内为该款移动资讯内容应用贡献的营收为 6.87 元。

可以发现，影响用户生命周期价值大小的因素包括：用户生命周期长短、用户留存率的高低、单个日活变现价值的大小。用户生命周期越长，用户的留存率越高，ARPU 越大，那么最终的用户生命周期价值越大。在 ARPU 稳定不变的情况下，用户生命周期价值随着时间变化会逐步升高，直到生命周期结束，如图 4-1 所示。

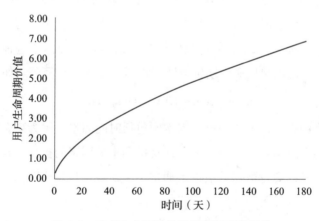

图 4-1　用户生命周期价值随时间变化趋势

在数据应用时，我们会关注特定周期的用户贡献价值（或营收），比如用户在 7 天内贡献的价值（LTV7）。这里有一个需要格外说明的地方，同留存率一样，用户是分批次到来的，由于用户基数也是按照自然日计算的，所以 LTV 也按照自然日对齐计算会更精确，那么新用户当天（自然日）贡献的价值就是 LTV0，新用户次日（包括新用户第一次到来的当日）累计贡献的价值就是 LTV1。若某款产品的用户生命周期为 180 天，那么单用户 LTV 就是 LTV180。

4.3 存在裂变效应的累积用户生命周期价值

单用户 LTV 仅代表该用户自己产生的价值，其实用户在生命周期内还存在分享行为，通过分享或邀请好友等裂变方式带来了新的徒弟用户，新的徒弟用户又会继续裂变，直到充分裂变状态，这样每新增一个用户相当于还额外新增了一定数量的用户。存在裂变效应时，若没有耗费用户激励或者用户激励为可消耗的虚拟物，那么用户生命周期价值其实是累积增加的。这种情形下，真实的用户生命周期价值即累积用户 LTV，计算公式如下。

$$LTV\_cum = LTV \times (1 + K\_cum)$$

我们知道，现金的价值因素中包括时间因素，因为现金财务角度的无风险收益一般还会考虑货币利率等因素的折现，在重点关注业务的商业数据方法论上通常不考虑现金折现或贬值，本书不对此展开说明。

4.4 用户价值组成框架

综合前文所述，用户的价值组成框架如图 4-2 所示。也就是说，用户的价值其实是留存带来的累计贡献日活、裂变带来的累积影响、ARPU 相乘，受三者的综合影响。其中，留存代表产品黏性，表明了用户对产品的依赖程度和用户活跃度；裂变代表传播扩散，体现了产品的影响力；ARPU 代表该业务承载社会效率的公允价值，随时间的变化存在波动，在市场没有大变化时基本稳定。

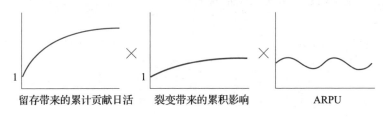

图 4-2　用户的价值组成框架

以上三种因素代表了互联网业务的内在核心层级的北极星指标，反映了业务的内核，特别是对于移动互联网 C 端业务。北极星指标不随业务阶段的变化而消失，它基于用户长期价值的考量来帮助相关人员明确商业模式和战略选择，避免陷入虚假数据陷阱。

通过北极星指标衍生出来的更宏观或更细分的指标均可作为创新业务的考核指标，这种考核指标也是当时的北极星指标，只是不同业务在不同阶段重点关注的考核指标存在差别。比如电商业务，核心行为是用户的商品交易，那么在某个阶段业务的宏观层级的北极星指标是 GMV（Gross Merchandise Volume，成交金额），当需要深入拆解业务来指导 GMV 增长时，就需要分析更内核的指标，其中就包括上述提到的用户留存率、裂变影响和ARPU。

在产品生命周期的不同阶段，所侧重的北极星指标不一样，比如在产品的导入期，业务关注的重点在于用户的留存；在产品稳定期或者成熟期，业务关注的重点在于营收，也就是 ARPU 所表征的宏观指标。不论业务目标如何调整和细化，用户留存、用户裂变、用户贡献的短期或长期价值都是高层人员需要持续考虑的，也是构建业务增长飞轮的关键。

第二部分
不同产品形态的商业决策分析

　　本部分内容侧重于"0～1"阶段的产品，主要帮助读者解决精益创业工作中关注的第一个问题，即是否应该开发产品，包括该业务是否存在值得参与竞争的商业机会，如何搭建商业数据模型，如何合理评估产品的商业模式以及产品的盈利空间如何。

　　本部分将讲述所提炼出来的通用商业数据模型。该模型主要沉淀了移动互联网行业经验，涉及 C 端流量型商业产品，以便读者了解不同类型的移动应用在数据链路上的相同逻辑和不同参数。本部分还将呈现免费产品、游戏产品、付费产品和金融产品的商业数据模型，以及应用于不同细分产品的评估分析，内容涵盖移动互联网近十年的不同业务形态。最后，本部分总结当前市场变化以及未来的业务方向，包括精细化、数字化和去中心化方面的商业机会，以启发管理者、投资人、业务人员和数据人员总结经验，思考未来。

5

通用商业数据模型

　　无论启动新业务、新项目，还是成熟业务推出新功能或新服务，目的都是达到产品与市场匹配（Product Market Fit，PMF）。本质上，我们需要基于市场需求提供适配的产品或服务。影响创业投入和投资机会的因素主要有 3 个：赛道、赛车和赛手。赛车代表产品或服务，赛手代表团队和人才，赛车和赛手都是依附于赛道的。赛道就是行业市场，创新业务首先需要考虑的是市场是否真的有切入机会。

　　不同的新业务或新产品面对的市场类型不同。Steven Gary Blank 在《四步创业法》中提到市场类型决定一切，并总结了 3 种市场类型。

- ❑ 现有市场：推出市场上已有的产品。可以通过提高产品在某些方面（如性价比、外观、用户体验等）的吸引力，或者提升公司运营效率来抢占现有市场份额。进入这类市场，好处是用户和市场都是现成的，坏处在于竞争激烈，可能竞争对手的用户规模已经很大。

- ❑ 细分市场：推出满足细分群体需求的产品。一般可以采用两种策略，即低成本策略和小众策略。低成本策略主打低端用户群体，小众策略主要解决现有产品未能解决的特殊需求或者现有产品未覆盖的特殊人群需求。小众策略的商业盈利模式通常沿用现有市场的盈利模式。细分市场的竞争者已知，但是市场是否真的能够开辟到一定规模尚未可知。

- ❑ 全新市场：推出全新产品，开拓全新市场。全新市场中竞争对手少，但是市场发展不清晰，需要关注有哪些客群、用户的接受度和客观环境的影响。

在构思创新项目时，除了市场定位，决策者还需要对当前所处的宏观环境、业务所处行业的生命周期发展阶段和市场空间有清晰的认识，通过实地调研来发现行业新机遇、规避行业的潜在风险。不论新机遇还是小而美的传统市场，除了需要确定行业是在萌芽期、成长期、成熟期还是衰退期外，决策者还需要了解该细分市场的营收规模、增长空间、增长速度、市场结构和竞争格局。对于已经形成规模的业务，决策者需要充分评估自有优势和资源是否能够抢占竞争对手的市场或抵制新进入的威胁者。对于外部宏观环境，决策者可以通过 PEST（Politic、Economy、Society、Technology，政治、经济、社会、技术）模型进行检验和分析，可以利用波特五力竞争模型、市场竞争战略模型（领导者、追随者、挑战者、补缺者）或 SWOT（Strength、Weakness、Opportunity、Threat，优势、劣势、机会、威胁）模型来对比分析竞争格局。

除了需要考虑宏观环境、行业市场和创新产品所处的马斯洛需求层次，业务的上下游产业链，比如产品的供应商、获客渠道等，也是创业者需要深入分析的，还需要分析贡献营收的用户或消费群体、用户画像及其特征、用户规模等。这些商业链路中的关键要素可以通过商业模式画布清晰地呈现出来。

5.1 商业模式画布

商业模式画布（Business Model Canvas，BMC）通过很短的篇幅来描述、梳理和评估商业模式，可以清晰地展示创新项目的各个商业要素及其内外逻辑关系，帮助创业者或管理者正确地认识业务形势、机会和风险。商业模式画布最早由 Alexander Osterwalde 在《商业模式新生代》一书中提出。经典的商业模式画布从 4 个视角和 9 个模块出发，高效精简地反映了一个完整的商业模式。《精益创业实战》作者 Ash Maurya 提出的精益画布（Lean Canvas，LC）是一种衍生的商业模式画布，可以帮助创业者快速评估业务的商业模式是否可行。

经典商业模式画布如图 5-1 所示，它包含 9 个模块：客户细分（Customer Segment，CS）、价值主张（Value Proposition，VP）、渠道通路（CHannel，CH）、客户关系（Customer Relationship，CR）、收入来源（Revenue Stream，RS）、关键资源（Key Resource，

KR）、关键业务活动（Key Activity，KA）、重要合作伙伴（Key Partnership，KP）和成本结构（Cost Structure，CS）。商业的 4 个视角（即客户、产品、基础资源和财务收支）都反映在商业模式画布之中。商业模式画布以价值主张为中心分界点。图 5-1 中的右侧内容（编号为 1、3、4、5 的模块）侧重于用户和营收，代表价值和产出；左侧内容（编号为 6、7、8、9 的模块）侧重于资源和成本，代表投入和效率。

重要合作伙伴	关键业务活动	价值主张	客户关系	客户细分
8	7 / 关键资源 6	2	4 / 渠道通路 3	1
成本结构 9		收入来源 5		

图 5-1 经典商业模式画布

更侧重创业角度的精益画布如图 5-2 所示，它也包含 9 个模块，依次为问题、客户群体分类、产品的独特卖点、解决方案、渠道、收入分析、成本分析、关键指标和门槛优势。精益画布的左侧（编号为 1、4、7、8 的模块）代表产品或服务，右侧（编号为 2、5、6、9 的模块）代表市场。相对于经典商业模式画布，精益画布的理念在于 PMF，所以更适合创业者、创业公司使用。

问题 最需要解决的 3个问题 1	解决方案 产品最重要的 3个功能 4	产品的独特卖点 一句简明扼要但 引人注目的话， 阐述为什么你的 产品与众不同， 值得购买 3	门槛优势 无法被对手轻 易复制的竞争 优势 9	客户群体分类 目标客户和用 户 2
	关键指标 应该考核哪些 东西 8		渠道 如何找到客户 5	
成本分析 获客成本 营销费用 固定成本、人力成本　　7			收入分析 盈利模式 用户生命周期价值 收入、毛利　　　　6	

图 5-2　精益画布

不论何种形式的商业模式画布，都是为了帮助评估与验证所设想的商业模式是否成立、风险点有哪些、产品竞争力如何等。经过充分的行业研究，弄清楚创新项目的市场定位后，利用商业模式画布可以直观地评估产品或商业模式是否具备跑通的可能。

当一切准备充分以及思考透彻时，商业模式画布的最终落脚点就到了业务成本和收入分析上，也就是影响项目拍板的决策重点在于商业数据。能否盈利、影响盈利情况的成本和收入如何平衡、投入产出由哪些关键业务指标衡量，以及特定指标对业务全局有什么影响，这些成为量化评估的重点。因此，搭建商业数据模型的效用巨大，不可替代。适配业务的商业数据模型能够反映出完整、通透的全链路，让我们有信心和有方向地开展创新事业。

5.2　"三步"方法论

所有业务的本质是拥有一个产品为用户提供服务，把用户导入，然后利用用户来变现。规模化的用户也就是常说的"流量"。业务启动后，最精简的链路其实就是导量、产品和卖量。

- ❑ 导量：除了买量拉新，还存在自然流量和裂变等。获客需要支出买量费用，常用指标包括每个新用户获取的平均成本（Cost Per Action，CPA）和 K 系数等。新用户是设备激活（Active）、注册还是付费需要依据业务定义。CPA 也被称为平均单个用户获取成本（Customer Acquisition Cost，CAC）。

- ❑ 产品[○]：产品存在的目的是维持流量，让流量持续留存下来。为了提高用户黏性，很多免费产品都会对用户进行日常激励。激励手段包括做任务领金币、发放优惠券、发放虚拟物品或实物奖励，本质是用特定的方式给用户发钱。这部分成本即维持成本。维持流量的活跃可以刺激影响用户生命周期价值的 3 个因素（留存、生命周期和 ARPU），使得单用户 LTV 最大化。

- ❑ 卖量：不论免费产品还是付费产品，变现流量价值的单位指标都是 ARPU，最终用户贡献了 LTV。

○ 此处定义两个指标：为每个日活所付出的平均成本（Average Cost Per User，ACPU）、为单个用户在生命周期内平均付出的维持成本（Life Time Maintenance Cost，LTMC）。对于不进行用户日常激励的商业应用，不存在维持成本，即 ACPU 和 LTMC 均为 0。

5.3 单用户数据模型

流量类产品存在边际效应。在商业模式的早期评估中，无须将带宽成本、研发成本等固定成本引入商业数据模型，重点关注业务的投资回报（Return On Investment，ROI）即可。评估创新项目的商业模式是否可以跑通，稳定期业务收入要能够覆盖买量成本和维持成本，即业务 ROI 不小于 1。直接从单用户角度评估，创新项目商业模式收支平衡需要满足以下不等式。

$$LTV \geqslant CPA + LTMC$$

当不需要维持成本（即 LTMC=0）时，创新项目商业模式 Break-even 只需要满足以下不等式。

$$LTV \geqslant CPA$$

可以发现，商业模式与平均获客成本、流量维持成本、用户留存和产品变现水平这 4 个因素有关。

每一个创新业务都需要搭建对应的单用户数据模型，以便直观地查看其数据链路，并进行思考和判断。表 5-1 为单用户数据模型示例，读者可以在最后一列写下计划创业或正在参与创新项目的业务数值。

表 5-1　单用户数据模型示例

步骤	指标	数值	本示例备注	你的业务数值
导量	CPA	2.3	不考虑裂变	
	K_cum	1.0		
产品	R_cum	8.0	无维持成本	
	ACPU	0		
	LTMC	0		
卖量	ARPU	0.3		
	LTV	2.4		

表 5-1 中的单用户 LTV 为 2.4，高于 CPA 的 2.3，可以认为商业模式在业务上是可以成立的。由于流量差价仅为 0.1，利润率仅为 4.35%，最终商业模式是否可以跑通，还需要看流量规模和固定成本。

5.4　单日活数据模型

单日活数据模型相当于把用户生命周期这样一个更长时间维度拆解为时间维度更短的周期。按天的周期可以方便直观地设计业务目标，如每日的维持成本不能超过多少、产品的变现水平需要达到什么样的数值才能平衡。单日活数据模型其实就是将获客成本分拆到用户生命周期的每个日活上。因此，每个日活的总成本（Total Cost Per User，TCPU）计算公式如下。

$$TCPU = CPA / R\_cum + ACPU$$

表 5-2 的示例表明，通过对用户进行激励，为每个日活增加 0.1（比如，单位为元）的流量维持成本，使用户留存和变现水平均有所提升。其中，每个日活的营收为 0.35 元，支出为 0.33 元，差价为 0.02 元。相对于表 5-1 没有维持成本的情况下，利润率为 6.06%，有所提升，存在优化。

表 5-2　单日活数据模型示例

步骤	指标	数值	本示例备注	你的业务数值
导量	CPA	2.3	不考虑裂变	
	K_cum	1.0		
产品	R_cum	10.0		
	ACPU	0.1	=2.3/10+0.1	
	TCPU	0.33		
卖量	ARPU	0.35		

在精益创业过程中，我们经常需要设定业务指标。通过单日活数据模型，我们可以测算出如下信息：为确保效益最大化，需要付出多少流量维持成本；产品留存率需要达到多少；迭代优化中 ARPU 目标的最低限度是多少。

5.5 洞察市场：谋事在人，成事在天

从上述商业数据模型中可以清楚地发现，商业模式的成立无外乎两个方面：当前的公允市场效率和产品的市场效率。当前的公允市场效率体现在 CPA 和 ARPU 两个指标上，一个代表市场成本，一个代表市场效益。当大盘市场的流量需求旺盛时，整体的 CPA 会比较高。若产品所处的行业市场竞争激烈，那么该产品所处行业的 CPA 会更高。产品的市场效率体现在 ARPU 和用户留存上。对于免费产品，用户留存至关重要。对于付费产品，提升变现水平是发展重点。波士顿矩阵四象限示意图 5-3 可以反映面对当前的宏观环境是否值得对产品进行投入。不同产品类型的四象限建议如表 5-3 所示。

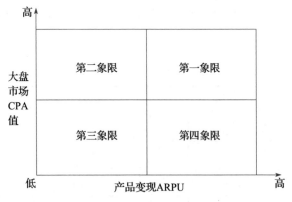

图 5-3　波士顿矩阵四象限示意图

表 5-3　不同产品类型的四象限建议

产品类型	最优	次优
免费	第一象限	无
付费	第四象限	第一象限

免费产品的获客成本 CPA 和变现 ARPU 的指标基础是相同的，因为它们都运作在数字营销市场上。当大盘市场的流量供不应求时，大盘市场的 CPA 会很高，此时免费产品的变现 ARPU 也会高，所以基本上不存在第四象限。当大盘市场的 CPA 较低时，免费产品的变现 ARPU 会较低，处于第三象限。即使产品具有较强的竞争力，例如在用户体验、功能设计或运营效率方面有所提升，产品的变现相对于大盘市场的变现更有效率，但产品的边际效应受到较大抑制，业务规模也很难持续扩大。因此，不建议参与处于第三象限的产品或项目。当大盘市场比较差时，现有市场和细分市场都难有发展。总体来说，免费产品的效益非常依赖大盘市场环境，也就是常说的"靠天吃饭"。

5.6　回本周期

由于涉及资金，创新项目对回本周期有严格要求。回本周期主要考虑的是多长时间能够收回获客成本，该周期会比用户生命周期短。在回本周期过后，用户在剩余的生命周期中贡献了长尾收益，这也是创新项目的盈利来源。

某产品要求用户回本周期为 14 天，即需要满足如下不等式。

$$LTV_{14} \geq CPA$$

其中，$LTV_{14} = R\_cum_{14} \times ARPU$，$R\_cum$ 的关键节点数据可以

从留存经典数值速查表中查到。

5.7 现金流 ROI 数据模型

为了从真实的资金角度去评估全链路，我们还需要将用户生命周期映射到真实的周期上考虑业务模式，一般按照月度周期来分析现金变化，重点关注的是新用户规模、当月的获客成本、当月的营收以及 ROI 等。现金流 ROI 数据模型还可以反映产品在几个月后是否达到业务收支平衡、用户规模、各项指标的目标等。

表 5-4 为某款移动应用的现金流 ROI 数据模型的首月数据。首月 ROI 小于 1，现金流是亏损的，因为当月获客成本大于营收。其实不用担心，因为新用户会在后续月度继续留存，现金收入会延迟体现在后续的生命周期内。

表 5-4　首月的现金流 ROI 数据模型示例

大模块	小模块	指标	第 1 个月
导量	新用户规模	月买量的总量（万）	30
		日均买量（万）	1.0
	获客成本	单个用户成本 CPA（元）	1.5
		该批次成本（万元）	45
		累计成本（万元）	45
产品	留存目标	次日留存	36%
		7 日留存	12.3%
		30 日留存	5.5%
		用户生命周期（天）	60
	DAU	月初 DAU（万）	1.0
		月末 DAU（万）	4.06
		日均 DAU（万）	2.53
	维持成本	ACPU（元）	0

（续）

大模块	小模块	指标	第1个月
卖量	变现	ARPU（元）	0.3
		后期目标 ARPU（元）	0.4
	营收	当月营收（万元）	22.77
		当月利润（万元）	−22.23
		累计营收（万元）	22.77
ROI	—	月度 ROI	0.506

图 5-4 中实线为该产品的月度 ROI 趋势线。可以看到，第三个月 ROI 刚刚超过 1，当月业务已经实现收支平衡。后面的三个月，如果新增用户规模保持不变，随着用户留存的长尾收益和 ARPU 的逐步提高，最终在大约 6 个月处达到稳定状态。后续在没有大波动的情况下，业务 ROI 将维持在 1.456 左右。

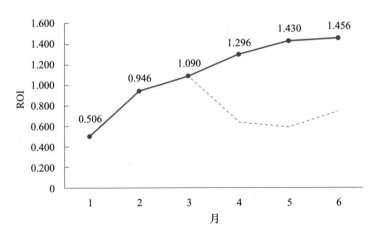

图 5-4　某产品月度 ROI 趋势线

如果市场环境较好，产品功能相对完善，在验证业务商业模型跑通后，企业也可以直接扩大业务规模。如图 5-4 中虚线所示，在第三个月 ROI 超过 1 后，若是对业务后续发展的预期比较乐观，扩大了日均买量规模，由于增加了获客成本，所以从第四个月开始 ROI 就会下降较大。不过，后续在规模增长放缓后，月度 ROI 会逐步回升到稳定状态，同时 DAU 保持在一个较大的量上，营收和利润规模也相对较大。

免费产品

互联网免费产品的变现主要来自广告营销。通常，企业可在产品内接入多家广告联盟模块，或者搭建自营广告 DSP（Demand-Side Platform，需求方平台）来提升变现效率。影响免费产品收入增长的要素包括日活规模、广告曝光价格和广告曝光量。所有免费产品的迭代优化最终都是为了这三个部分的增长。

企业可通过自身产品的流量增长、建设产品矩阵流量池、开拓海外市场等方法来保持 DAU 持续增长。通过广告技术或算法提升广告转化效果，可以提升广告曝光价格。良好的用户体验和可玩性会使得用户使用时长进一步增加，广告曝光量也会随之增加。此外，广告 ARPU 主要依赖产品承载的业务类型。不同业务类型满足用户的不同需求，所呈现的特点差异较大。

工具软件产品提供的功能和服务通用性强，一般无需用户注册，只需下载、安装即可使用，用户面广，但是用户深度有限，用户用完即走，用户停留时长一般很短，每次均为 1 ~ 3 分钟。由于仅靠广告变现的工具软件类应用的 ARPU 较低，用户很难带来高额收益。但由于需求较为刚性，用户经常使用，因此用户黏性很好。工具软件产品的用户画像比较清晰。例如，天气类应用的用户中女性占比较大；日历应用的用户中，学历较高的人群较多，年轻人的占比也很大。不同的工具软件总能够满足较大规模的用户的通用需求，因此，该类应用有较大的市场空间。

内容类产品包括移动资讯（新闻）、网文（小说）、短视频等，用户可以在零散的时间沉浸式地享受。由于所阅读的内容存在连贯性，用户使用时长较长，用户的操作行为也具有深度。这为不同类型的广告提供了适宜的曝光机会，广告 ARPU 也较好。部分移动应用还增加了网赚特色，进一步提升了用户留存。

本章将对一些常见的免费应用商业数据模型进行分类介绍。典型的产品示例如表 6-1 所示。表 6-1 中的第三列"日活规模级别"主要指市场上用户规模较大的产品的 DAU 量级。市场空间较大的产品（比如天气类、头条资讯类、短视频）由于马太效应，已经被巨头占领。相对于一线产品，二线产品的用户规模明显会低一个量级。

表 6-1　不同类型的产品示例

类型	举例	日活规模级别
工具软件	天气服务、手机清理、来电设置、铃声设置、日历、图片处理、生活管理工具	过亿、2 000 万～5 000 万
网赚	做任务赚钱，包括走路赚钱、充电赚钱、阅读赚钱	百万
移动资讯	头条类、新闻类	过亿、1 000 万～4 000 千万
网文	小说阅读	1 000～3 000 万
短视频	横版或竖版短视频、短剧、垂类短视频	过亿、千万、百万

6.1　工具软件产品

在项目启动时期，我们利用单用户数据模型对竞品市场获客成本 CPA 进行调研。在前期产品不完善时，导量一般较少，也方便进行低成本的 MVP 测试；在后期，导量会较大，所以我们需要正确认识 CPA 的波动。一般来说，导量越多，CPA 增加越多，一旦后期买量非常大，CPA 会翻倍不止。对于单用户数据模型，LTV 就是 CPA 的上限，不过由于产品持续迭代优化，用户的 LTV 也会升高。

以某款工具软件产品为例，按设备激活维度看，立项评估时的单用户商业数据模型如表 6-2 所示。前期由于产品功能没有完全匹配用户需求，用户留存和 ARPU 不高。随着产品功能的完善，用户留存得到了提升，ARPU 也有所提升。虽然 CPA 增加了很多，但是用户 LTV 仍然可以覆盖获客成本，单用户 ROI 仍然大于 1。这也表明在后期可以进行大规模买量，市场空间和规模可以做得相当大。从商业模式上看，该产品值得投入。

表 6-2　某款工具软件产品的单用户商业数据模型

指标	产品前期市场水平	后期市场行业水平（用户规模大）
CPA（元）	1.3	2.1
次日留存	40%	42%
7 日留存	18.4%	21.3%
30 日留存	10.3%	12.8%
累计贡献日活数 R_cum	14.0	17.4
ARPU（元）	0.12	0.15
用户 LTV（元）	1.68	2.61
单用户 ROI	1.29	1.24

当业务模式成立时，一般会在产品优化迭代的同时加大投入获客，直到达到业务稳定期。在加大投入期间，现金流 ROI 可能会一直低于 1，主要是需要快速获客、抢占市场。达到稳定期后，DAU 基本维持稳定，业务收入和利润也趋于稳定，现金流 ROI 也会和单用户模型的 ROI 一致。表 6-3 展示了某产品稳定期的现金流 ROI 数据模型。

表 6-3　某款工具软件产品稳定期的现金流 ROI 数据模型

大模块	小模块	指标	第 N 个月
导量	新用户规模	月买量的总量（万）	1 500
		日均买量（万）	50
	获客成本	单个用户成本 CPA（元）	2.1
		该批次成本（万元）	3 150
产品	留存目标	次日留存	42%
		7 日留存	21.3%
		30 日留存	12.8%
		用户生命周期（天）	150
	DAU	月初 DAU（万）	870
		月末 DAU（万）	870
		日均 DAU（万）	870
	维持成本	ACPU（元）	0

（续）

大模块	小模块	指标	第 N 个月
卖量	变现	ARPU（元）	0.15
	营收	当月营收（万元）	3 915
		折合年营收（亿元）	4.7
		当月利润（万元）	765
ROI	—	月度 ROI	1.24

虽然产品后期的 ROI 随着获客成本 CPA 的增加而有所降低，但利润的绝对规模在增加。随着流量型产品的边际效益显现，带宽和人力等固定成本所占比例减小。相对于其他产品类型，工具软件产品具有很大的优势，只要竞争力强，用户需求得到较好的满足，再结合一些流行或新奇的玩法，若能够达到精益创业的 PMF，很容易实现用户规模的爆发性增长。

在产品功能和运营措施完善后，产品后期对用户的吸引力增加，例如表 6-2 中 ARPU 提升的逻辑拆解，人均广告曝光次数从 9.23 增加到 10，广告价格 CPM 也有所提高，因此 ARPU 大幅提升，如表 6-4 所示。如果广告价格 CPM 受市场波动影响较大，阶段性 ARPU 不一定会升高。

表 6-4　ARPU 提升的逻辑拆解

ARPU	人均广告曝光次数	CPM
0.12	9.23	13
0.15	10.0	15

工具软件产品本身对用户有益，帮助用户解决了现实问题，存在真实的用户需求，用户留存本身较好。由于工具软件产品的单用户 LTV 较低，平均每个用户贡献的营收也较少，因此这类

产品较少增加网赚特性，最多融合轻度的网赚属性来刺激用户
活跃。

6.2 网赚产品

网赚产品是纯赚钱属性的产品，被用户单纯看作赚钱工具，
如若去掉"能够赚钱"的特点，便很少人会在日常使用。依靠第
三方给的抽成和用户的商品购买行为的产品不属于网赚产品。

2019 年数字广告营销市场火热，网赚产品再次爆发。网赚
产品其实是在新闻资讯类移动应用结合网赚模式做大规模验证了
网赚的可行之后，才开始大量出现的。网赚产品的商业逻辑本质
是返利，用户有利可图，这种模式刺激了新用户获客和老用户留
存，使得用户生命周期价值很高。用户贡献了营收，也拿走了项
目营收中的一部分收益，这部分收益就是维持成本。现金流上，
广告变现的营收能够覆盖获客成本和维持成本，商业模式即可
跑通。

网赚产品直接面向特定用户人群，一般无需内容承载，功
能简洁清晰，常用功能包括签到、信息绑定、小任务等，研发简
单。从功能角度看，几乎就是看广告赚钱。网赚产品在获客上，
除了买量，还重点使用了裂变，对裂变中的师徒进行激励，主要
激励师父。裂变中的拉新激励其实是买量获客成本的转移，只是
裂变带来的用户更精准，质量更高，还为产品带来口碑。

从名义上看，对于新增一个用户的成本，一般是裂变给的
激励成本比买量获客成本高一些。但是，裂变给用户的激励其实
是在账面上，现金并没有马上流出，还存在一个提现门槛。对于

裂变的用户，激励具体多少合适，需要综合平衡当前市场获客成本、现金提现情况和用户质量。

某款网赚产品特定时期的单用户数据模型如表 6-5 所示，由于存在裂变激励，裂变效果较好，K-cum 系数大于 1，裂变带来的用户也相对精准，再加上日常的流量维持成本，导致用户总体留存较好。随着日常的流量维持成本支出，用户也会主动按照要求来参与多种任务，ARPU 就会很高。

表 6-5　某款网赚产品的单用户数据模型

指标	稳定期数值
CPA（元）	2.5
K_cum	1.5
裂变拉新 1 个徒弟的师父激励（元）	4
平均激励 1 个用户的裂变总成本（元）	6
次日留存	45%
7 日留存	17.0%
30 日留存	8.2%
累计贡献日活数 R_cum	8.9
不含裂变激励的 ACPU（元）	1.0
平均一个用户的 LTMC（元）	8.9
不含裂变激励的总 LTMC（元）	22.25
提现率	30%
现金成本（元）	10.975
ARPU（元）	1.0
累积用户 LTV（元）	22.25
单用户 ROI	2.03

一般来说，在所有依靠广告变现的免费产品中，网赚产品的 ARPU 最高，主要与其目标用户群体属性、任务目的明确等相关。表 6-6 为上述网赚产品稳定期的现金流 ROI 数据模型。

表 6-6　某款网赚产品稳定期的现金流 ROI 数据模型

大模块	小模块	指标	第 N 个月
导量	新用户规模	月买量的总量（万）	90
		日均买量（万）	3
	获客成本	单个用户成本 CPA（元）	2.5
		该批次成本（万元）	225
产品	留存目标	次日留存	45%
		7 日留存	17.0%
		30 日留存	8.2%
		用户生命周期（天）	90
	DAU	月初 DAU（万）	66.75
		月末 DAU（万）	66.75
		日均 DAU（万）	66.75
	维持成本	ACPU（元）	1.0
		日常维持成本（万元）	2 002.5
		裂变激励总成本（万元）	540
	提现	提现的现金流出（万元）	762.75
卖量	变现	ARPU（元）	1.0
	营收	当月营收（万元）	2 002.5
		折合年营收（亿元）	2.4
		当月利润（万元）	1 014.75
ROI	—	月度 ROI	2.03

纯网赚产品是一种小而巧的产品，用户群体属性强且用户目的单一，因此较难进行产品功能的衍生和内容的扩展。它是一门生意，而非一项事业。从受益方的角度来看，用户获得了激励，项目方获得了利润，第三方广告平台和广告主获得了流量。综合来看，这也是一种对社会有益的产品，虽然不是必需品。

6.3　移动资讯产品

受益于下沉市场移动互联网用户的增加，2017 年众多移动资讯产品快速发展。阅读新闻资讯本身属于用户的日常行为，通过结合下沉市场用户的利益偏好，一些移动资讯应用与网赚模式融合，培养了用户"看新闻赚零花钱"的习惯。同时，它们还重点通过裂变方式进行拉新获客，使用户规模迅速增长。图 6-1 是移动资讯产品商业模式的精益画布，完整地呈现了该类产品的市场机会和产品形态。

问题	解决方案	独特卖点	门槛优势	客户群体分类
用户看新闻资讯不方便；移动端新闻渗透率低且用户互动差；阅读体验和产品使用体验平淡	聚合优质新闻资源；开发用户体验好的移动端产品；阅读赚钱、分享裂变返利	免费看新闻的同时还能赚零花钱	赚钱多的网赚模式；基于微信分享的快速裂变模式；资本运作	经常看新闻的下沉市场用户；图赚钱的用户
	关键指标 DAU、留存率 ARPU		渠道 各大联盟渠道的投放获客、第三方地推、裂变、内拉新	
成本分析 获客成本主要在于内外拉新的买量和裂变激励，日常维持成本主要是用户阅读的激励，还带带宽等固定成本、研发成本、人力成本			收入分析 广告变现，单个用户生命周期价值预估在 5～10 元，收支平衡点预估：千万 DAU 且次留在 50% 以上	

图 6-1 移动资讯产品商业模式的精益画布

某款二线移动资讯产品在特定时期的单用户数据模型如表 6-7 所示。从表 6-7 中可以看出，在同样的获客成本下，如果不对用户进行日常激励和裂变激励，用户 LTV 不够覆盖 CPA，产品的留存率不高。同时，广告变现除了开屏广告，主要是列表页的信息流广告和详情页广告。产品中能够大量产生收益的位置不多，所以 ARPU 也不高。从市场角度看，一线大牌的移动新闻资讯产品已经能够满足用户的需求。类似的没有特殊玩法的产品对用户没有吸引力。结合下沉市场用户的特点，通过网赚和裂变激励，让用户在阅读中赚钱的产品达到了精益创业的 PMF，因此这类产品的发展速度很快。

从表 6-7 可以看出，用户的留存率得到了显著提高，其中次日留存提升了 50%，最终用户生命周期价值也大幅提升。因此，收益能够覆盖 CPA，其中差额的收益主要用于日常的流量维持成本和裂变激励。表 6-8 呈现了上述产品稳定期状态的现金流 ROI 数据模型。

表 6-7　某款二线移动资讯产品在特定时期的单用户数据模型

指标	不对用户进行 日常激励和裂变激励	对用户进行 日常激励和裂变激励
CPA（元）	2.1	2.1
次日留存	40%	60%
7 日留存	15.1%	27.5%
30 日留存	7.3%	15.4%
累计贡献日活数 R_cum	9.2	22.9
ARPU（元）	0.2	0.3
单用户 LTV（元）	1.84	6.87
单用户 ROI（不考虑维持 成本和裂变成本）	0.88	3.27

表 6-8　某款二线移动资讯产品稳定期的现金流 ROI 数据模型

大模块	小模块	指标	第 N 个月
导量	新用户规模	月买量的总量（万）	1 500
		日均买量（万）	50
		K_cum	0.75
		日均裂变新增用户数（万）	37.5
		日均新增用户总数（万）	87.5
	获客成本	单个用户成本 CPA（元）	2.1
		该批次买量成本（万元）	3 150

（续）

大模块	小模块	指标	第 N 个月
产品	留存目标	次日留存	60%
		7 日留存	27.6%
		30 日留存	15.4%
		用户生命周期（天）	180
	DAU	月初 DAU（万）	2 003.75
		月末 DAU（万）	2 003.75
		日均 DAU（万）	2 003.75
	维持成本	ACPU（元）	0.6
		日常维持成本（万元）	36 067.5
		裂变激励总成本（万元）	5 625
	提现	提现率	20%
		提现的现金流出（万元）	8 338.5
卖量	变现	ARPU（元）	0.3
	营收	当月营收（万元）	18 033.75
		折合年营收（亿元）	21.64
		当月利润（万元）	6 545.25
ROI	—	月度 ROI	1.57

虽然面向下沉市场，但这款移动资讯产品拥有两千万的日活，每年营收数十亿元，ARPU 约为 0.3 元。如果广告变现的大盘市场情况较好并且产品在广告变现方面采用多样化的策略，ARPU 可能会更高。移动资讯产品的日活规模很大，因此更容易受到数字营销大盘市场的影响。然而，当前移动互联网流量增长有限，流量获取成本高，即使采用网赚和裂变等模式，也存在明显的天花板。只有从数据的角度去洞察业务的发展，从业务上升到战略，才能避免这类免费产品后期持续"洗用户"的状态。业务的创新永不止步，只有拥有第二增长曲线，业务高增长才能持续下去。

6.4 网文产品

网络文学（简称"网文"）的受众规模较大且精准，小说是其中的主要类型。传统的网文模式是创作者创作小说，项目平台买断或支付版权费用，收入来自用户付费。近几年，结合广告变现模式的免费网文产品快速发展，用户不用付费就可以免费看小说，商业模式的创新带来了受众群体的大量增加。原先对网文感兴趣的用户，由于无须付费，黏性更高。网文产品和移动资讯产品类似，只是用户群体更垂直。目前，市面上还有一些网文产品结合了网赚模式，但是由于大多数网文需要支付版权费用和提升输出质量，所以即使结合网赚，激励程度也不高。但平台可以让用户免费阅读到之前需要付费的小说，已经为用户贡献了真实的阅读价值。因此，不同于网赚产品通过激励来吸引用户，网文产品没有过分注重在网赚模式上，而是主要依靠作品质量和内容的吸引力来留住用户，用户黏性也很高。

表 6-9 是某款网文产品在不考虑裂变激励和网赚模式的情况下的单用户数据模型。

表 6-9　某款网文产品在不考虑裂变激励和网赚模式的情况下的单用户数据模型

指标	产品数值
CPA（元）	2.8
次日留存	45%
7 日留存	18.7%
30 日留存	9.7%
用户生命周期（天）	180
累计贡献日活数 R_cum	14.7

（续）

指标	产品数值
ARPU（元）	0.3
单用户 LTV（元）	4.41
分成比（版权、创作相关费用）	10%
单用户 ROI（不考虑维持成本和裂变成本）	1.42

表 6-10 为某款网文产品稳定期的现金流 ROI 数据模型。由于裂变降低了一部分获客成本，因此稳定期的 ROI 为 1.8。

表 6-10　某款网文产品稳定期的现金流 ROI 数据模型

大模块	小模块	指标	第 N 个月
导量	新用户规模	月买量的总量（万）	1 500
		日均买量（万）	50
		K_cum	0.5
		日均裂变新增用户数	25
		日均新增用户总数（万）	75
	获客成本	单个用户成本 CPA（元）	2.8
		该批次买量成本（万元）	4 200
产品	留存目标	次日留存	45%
		7 日留存	18.8%
		30 日留存	9.7%
		用户生命周期（天）	180
	DAU	月初 DAU（万）	1 102.5
		月末 DAU（万）	1 102.5
		日均 DAU（万）	1 102.5
	维持成本	ACPU（元）	0
		日常维持成本（万元）	0
		裂变激励总成本（万元）	3 750
	提现	提现率	20%
		提现的现金流出（万元）	750

（续）

大模块	小模块	指标	第 *N* 个月
卖量	变现	ARPU（元）	0.3
	营收	当月营收（万元）	9 922.5
		折合年营收（亿元）	11.91
		分成后的当月利润（万元）	3 980.25
ROI	—	月度 ROI	1.8

　　网文产品的用户群体相对不如移动资讯产品的用户群体广泛，但用户黏性很高。即使没有网赚激励，用户也相对会高频使用。网文产品的广告变现方式和移动资讯产品类似，主要是信息流广告。在网文中，每隔几页就会出现一个信息流广告，这和移动资讯产品中列表页下滑时的广告曝光逻辑类似。

6.5　聚合类短视频产品

　　根据时长的不同，业内一般将视频业务分为短视频、中长视频等。中长视频主要通过广告和会员充值等途径实现营收。基于中长视频内容的特点，它的广告模式与短视频的信息广告模式有所不同。在线视频网站的广告变现较大程度上依赖品牌广告。中长视频的行业市场基本稳定，已被各大巨头占领，当前市场机会较小。

　　国内短视频行业的月独立设备数增长率下降明显，众多行业数据表明用户红利期已经慢慢开始消退，但用户观看时长不断增加，未来的业务重点已转向存量用户的精耕细作。由于马太效应，多款日活过亿的短视频应用流行，它们的营收主要依靠广告、直播带货的分佣和用户打赏分成等，呈多样化。

本书不涉及中长视频和头部短视频应用，而是重点讨论一些中部和尾部的短视频应用商业模式。这类移动应用变现重点在于信息流广告，产品定位也相对差异化，主要是将用户喜欢的不同类型的短视频内容聚合在一起，提供优质的搞笑、奇闻、海外风情等不同类目的内容供目标用户观看，视频时长没有统一标准，几十秒或者十分钟的时长都可以，只要用户喜欢观看。

相较于移动资讯、网赚等产品类型，聚合类短视频应用具有较大的差异，主要体现在用户体验方面。例如，使用短视频产品时，用户需要沉浸式观看，侧重于享受娱乐。如果某个视频内容或某类别的频道与用户感受不匹配，用户就不会观看，即使结合网赚模式，效果也不大。另外，从用户互动程度上看，聚合类短视频产品与移动资讯、网赚等产品属于同一类别，除了点赞、评论等弱互动功能外，它们的逻辑和 Web1 产品类似，用户观看的内容都是来自平台的统一分发。然而，目前头部短视频产品的直播、打赏等功能连接了用户与主播，加强用户互动，属于典型的Web2 产品，因此聚合类短视频产品不具备发展成拥有较大用户规模产品的潜力。在未来 Web3 时代，短视频产品或行业将结合新的玩法和价值点，有可能继续爆发。

聚合类短视频产品有许多展示广告的方式，除了开屏、列表页信息流、详情页信息流广告，还有后贴片广告、视频播放下方的横幅广告等。表 6-11 列出了某款日活 150 万的短视频产品 A和某款日活 20 万的小众用户竖版小视频产品 B 的单用户数据模型以及对应的折合年营收。产品 B 的日活较小，相对要求 ROI更高一些，才能覆盖固定成本。

表 6-11　两款聚合类短视频应用的单用户数据模型及对应的折合年营收

指标	短视频产品 A	小视频产品 B
CPA（元）	2.5	2.0
次日留存	35%	36%
7 日留存	14.6%	12.3%
30 日留存	7.6%	5.5%
用户生命周期（天）	90	60
累计贡献日活数 R_cum	8.1	5.5
ARPU（元）	0.4	0.7
单用户 LTV（元）	3.24	3.85
单用户 ROI	1.296	1.925
DAU（万）	150	20
月营收（万元）	1 800	420
折合年营收（亿元）	2.16	0.504

6.6　行业应用——5G 短信

　　随着 5G 时代的到来，手机短信的形态进一步升级。在流量增长乏力的时代，5G 短信已经演变为移动互联网的创新流量产品。5G 短信是传统短信的升级版，提供富媒体信息服务（Rich Communication Service，RCS），可以承载文字、图片、视频、二维码、音频等内容形式。这样，5G 短信可以附带图片广告和视频广告。图片相当于海报，吸引用户注意力；视频配上短链接，进一步引导用户进行点击和转化。5G 短信中的视频短信使得营销场景边界拓展，适用场景十分广泛，广告效果更好。5G 短信天然适合精准数字营销，成本低，客户群体广泛，无须注册、登录、关注或加好友，方便快捷，易于操作。

　　5G 短信扩展了数字营销的应用场景，有效提升了转化效果。

应用场景包括快递物流的发货提醒、取货验证、收货提醒，出行的票务通知和行程提醒，生活服务的订单通知、展会通知等。5G 短信的市场规模巨大。有数据显示，2020 年我国企业短信中的行业应用短信服务市场规模达到 54.5 亿元，折合近 1500 亿条短信。比如，全国邮政管理工作会发布数据显示 2020 年包裹量达到 830 亿件，圆通年快递发送 126.48 亿件，年发送短信条数 50.6 亿，40% 的短信中填充广告。通过精准广告来高效利用 5G 短信流量，可大幅降低发送方的短信发送成本，甚至实现免费和返利。

5G 短信中附带广告变现的商业数据模型如表 6-12 所示。由于 5G 短信侧重行业应用，较少考虑用户概念，相关计费也是基于短信条数。在每个用户仅贡献 1 条短信时，每条短信广告收入类似 ARPU 概念。在行业应用中，比如物流快递、票务等，发短信的需求偏刚需，发送量很大，即使没有利润，短信中附带广告带来的收入也可以抵消一部分的短信发送成本。5G 短信的广告变现水平是否符合预期，主要取决于短信中附带广告的营销转化率。

表 6-12　5G 短信中附带广告变现的商业数据模型

指标	附带图片广告	附带视频广告
每千条短信采购成本（元）	40	80
每千条短信广告 CPM	30	80
平均每条短信曝光次数	1.5	1.2
每条短信广告收入（元）	0.045	0.096
每千条短信广告收入（元）	45	96
ROI	1.125	1.2
年短信发送量（亿条）	800	500
年营收（亿元）	36	48
年利润（亿元）	4.5	9.6

游戏产品

国内网络游戏从端游、页游、手游发展到小游戏。游戏类产品占据了互联网产品的半壁江山，这些产品玩法众多、丰富多样，还可以细分为免费和付费形式。因此，我们将它们作为一个独立的类别进行阐述。

付费产品是游戏的主流，大部分中重度游戏都需要用户充值，轻度小型游戏通过广告变现打造为免费小游戏。随着微信生态的发展，微信小程序游戏快速爆发，用户规模很大。小型游戏的轻度和移动化等特点，也催生了游戏盒子，聚合休闲益智、棋牌等热门小游戏，方便用户一站式体验。

游戏产品的范围非常广泛，手游等渲染动画类游戏是常见的类型。很多无需动画策划的产品由于具备鲜明的游戏特色，也属于游戏产品，比如猜盲盒、抽奖、实物活动、答题等，同样为用户提供了游戏娱乐的体验。从市场规模和用户规模看，原创精品手游一直是游戏行业的发展重点。

游戏产品具有明显的生命周期（Product Life Cycle，PLC），包括导入期、成长期、稳定期和衰退期。不同于移动资讯和短视频等产品的内容可以实时更新，由于是针对特定用户群体所设计的特定风格类型，游戏产品有较短的生命周期。早期端游时代游戏产品的生命周期较长，一般在 3 ～ 5 年。现在，国内由于游戏产品众多，同质化严重，游戏产品的生命周期很短，平均缩短为6 个月～ 1 年，更有一些游戏上线运营 3 个月就进入衰退期。延长游戏产品的生命周期是一个很有挑战的难题。虽然游戏产品在前期规划设计主要以目标人群和产品设计为导向，但在产品上线的后期，以数据为导向的迭代才能帮助延长游戏产品的生命周期。

7.1　中重度网络游戏

中重度网络游戏的类型主要包括角色扮演、策略卡牌、对战射击和竞技等。其中，大型真人在线对战角色扮演类游戏产品的用户更活跃。除了为用户提供虚拟职业、关卡、战斗、等级升级、荣誉成就等晋级方面的体验，中重度网络游戏还允许用户在游戏中体验聊天交友、师徒组织、团队活动等社会关系互动，以及稀缺道具交易带来的乐趣。用户的游戏体验越好，产品的黏性就越高。新创角用户[○]的留存反映了游戏产品对用户黏性的影响。

　　○　创角用户就是创建角色的用户，用户玩游戏需要先创建角色。

图 7-1 展示了三款典型手游产品的新用户留存率曲线，它们的留存率代表了常见产品的高、中、低 3 个档次，次日留存分别在 30%、25%、18% 左右。对于中重度游戏来说，由于用户群体和用户喜好不同，30% 的次日留存已经是比较好的留存数据了。游戏中用户一般会经历新手期、兴奋期、融入期和厌倦期。随着用户的新鲜感消退，游戏的留存衰减较快，用户生命周期一般在 2 个月左右，短的一个月左右。游戏用户的获客成本主要从注册或创角维度考虑。在某些中大型游戏的高峰时期，创角率达 80% ～ 90%。一旦进入衰退期，创角率会迅速下降到 50% 左右。

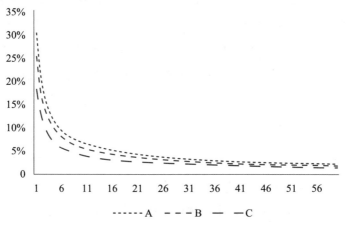

图 7-1　三款典型手游产品的新用户留存率曲线

表 7-1 展示了图 7-1 中的中等留存水平的游戏产品 B 的单用户数据模型。该游戏产品的获客成本很高，同时用户付费金额也很大。如果某款游戏中有更多的"大 R"（Revenue，带来较大营收的用户）玩家，那么 ARPU 会更高。

表 7-1　某款游戏产品的单用户数据模型

指标	B 产品数值
CPA（元）	50
次日留存	25%
7 日留存	7.1%
30 日留存	2.74%
用户生命周期（天）	60
累计贡献日活数 R_cum	3.4
ARPPU（元）	200
付费率	9.0%
ARPU（元）	18
单用户 LTV（元）	61.2
单用户 ROI	1.224

　　选取该产品置信度较高的某一批次的新增用户，人均累计贡献的用户价值（营收）随时间的变化如图 7-2 所示，横轴为时间维度，第 0 天代表新用户注册当日。图 7-2 反映了真实单用户 LTV 随时间推移的变化趋势。随着用户生命周期结束，该批次的单用户 LTV 也逐步收敛。从回本周期来看，一个用户的获客成本需要 30 天贡献价值才能覆盖，也就是回本周期为 1 个月。

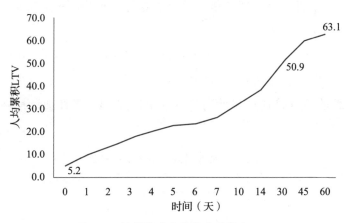

图 7-2　某款游戏产品的人均累积 LTV

评估网络游戏产品的现金流 ROI 时，从 DAU 的角度去考虑数据模型有所不足，这是因为游戏产品并不是偏重于 DAU 的产品，与移动资讯、网文、聚合类短视频等免费产品有很大的差异。这种差异表现在以下 3 方面。

❑ 一般中重度游戏产品的 DAU 很小，营收主要来自用户充值付费。而移动资讯等产品的 DAU 很大，非常依靠边际效应和广告变现。

❑ 游戏产品的付费用户人均充值较高，而移动资讯等产品依靠的广告变现单位收益很小。即使用户经常使用，人均贡献的广告变现营收也很少。

❑ 游戏内部的关卡和体验相对固定，对所有用户一样。老用户一旦体验过该游戏，没有了新鲜感，较少回头重新高频使用。也就是说，这类产品本身存在生命周期。移动资讯、网文、聚合类短视频等产品的内容会时刻更新并推荐给用户阅读、观看，这类免费产品的内容具有时效性，生命周期很长，即使老用户也可能重新下载、安装、继续使用。

综上所述，中重度游戏产品的现金流 ROI 可以不从 DAU 角度去分析，直接从 DNU 角度分析更方便。例如对于游戏产品 B，营收可直接通过累计用户数和单用户 LTV 来评估，具体如表 7-2 所示。

表 7-2　某款游戏产品的业务数据

指标	B 产品数值
产品生命周期	2 年
1 年内累计 DNU（万）	200

（续）

指标	B产品数值
CPA（元）	50
单用户 LTV（元）	61.2
单用户利润（元）	11.2
年营收（万元）	12 240
年利润（万元）	2 240

对于非自研手游创新项目，例如侧重做游戏联运的项目方一般按 CPS（Cost Per Sale，每次销售成本）结算业务收入，ROI 决定了联运项目方是否会参与该款游戏的运营。需要注意的是，游戏区服（不同区域的游戏服务）的 ROI 评估也是非常重要的。区服是中重度游戏产品的一个特点，即使单用户 ROI 大于1，总体盈利尚可，也可能存在 50% 的区服 ROI 不达标的情况。不达标的区服需要及时关停或合并。

7.2 微信小游戏

2018 年，以弹球类游戏为代表的游戏小程序引爆微信小游戏的用户增长。微信小游戏以方便快捷、好玩、易分享的特性持续吸引用户的注意力。相关数据显示，81% 的微信小程序用户都会玩小游戏，人均每日打开 3.5 次，占用时长 15min 以内。小游戏的移动化和轻度化已经成为游戏产品的发展趋势。

微信小游戏弥补了手游推广成本高、社交分享效果欠佳的不足。在微信中，它有稳定的入口，用户覆盖面广，无须下载，启动耗时短。微信小游戏的品类全、门槛低、玩法丰富，其中益智休闲、棋牌、飞行射击、模拟经营和消除类小游戏等常年占据用户规模榜首。例如，棋牌游戏对男性用户有更大的吸引力，而消除类小游戏对女性用户有更大的吸引力。用户可以利用微信生态的社交和朋友圈进行分享，增加乐趣。微信生态具有良好的分享裂变效果，小游戏用户中主动分享的用户占比高达20%。此外，微信小游戏具备完善的全域数据统计功能，方便进行精准的用户画像构建。

虽然小游戏适合用户在碎片化时间内快速使用，同时互动性强，受到广大用户喜欢，但是随着用户的尝鲜感减弱，小游戏产品对用户的黏性一般。大部分微信小游戏的次留低于27%，并且在小游戏产品生命周期后期，用户留存会大幅下滑。小游戏产品的用户来源一般是买量、分享裂变和导流换量等，变现途径主要依靠广告和道具内购。

微信小游戏的裂变效果好，主要得益于微信生态分享操作方便。微信小游戏一般不用现金激励用户，大部分赠送通关卡或虚拟积分。表7-3展示了某款微信小游戏产品特定时期的单用户数据模型。平均每个用户能够额外带来1.1个新用户，即每新增1个用户相当于累计增加了2.1个用户。

表7-3　某款微信小游戏产品特定时期的单用户数据模型

指标	产品数值（生命周期前期）	产品数值（生命周期后期）
CPA（元）	0.15	0.2
次日留存	25%	18%
7日留存	7.1%	5.1%
30日留存	2.74%	2.0%
用户生命周期（天）	60	60
累计贡献日活数 R_cum	3.4	2.7
ARPU（元）	0.05	0.05

（续）

指标	产品数值（生命周期前期）	产品数值（生命周期后期）
单用户 LTV（元）	0.17	0.135
K_cum	1.1	0.5
累积用户 LTV	0.36	0.2
累积用户 ROI	2.4	1.0

对于买量获客的新用户，用户生命周期价值包含裂变效应的累积用户 LTV。随着游戏产品到达生命周期后期，累积用户 LTV 也逐步减少，ROI 降低较多。

微信小游戏的优势在于分享裂变。用户的分享转化包含两个指标：分享率和转化系数。当平均每个用户可以带来 1 个新用户时，可以定义当前用户裂变处于增长态势，那么产品未来的发展会逐步变强。由于裂变效率具有时间特征，并且需要预估产品发展情况，以用户生命周期为时间周期进行分析的时效性就很弱。因此，即使小游戏用户在 60 天生命周期内带来了 1 个新用户，当前产品也不会被认为处于用户自裂变增长状态。

为了在用户流失的同时确保裂变效率，实践中以 2 周为周期进行评估比较合适。也就是说，如果产品的发展趋势较好，那么平均每个用户在 14 天内至少需要裂变带来 1 个新用户。假设平均每个用户在 14 日内贡献的日活数为 R_cum_{14}，较好的裂变状态需要满足自裂变增长模型如下：

$$R\_cum_{14} \times b \times c \geqslant 1$$

其中涉及的变量如表 7-4 所示，$b \times c$ 代表分享转化总体效果。分享率和转化系数都会影响产品的裂变转化，过低将导致产品无法扩大规模。

表 7-4　自裂变增长模型的变量定义

指标	变量
次日留存率	$r1$
累计贡献日活数（14 日周期）	R_cum_{14}
累计贡献日活数（60 日周期）	R_cum_{60}
次留因子	$a = R\_cum_{14}/r1$
分享率（按 DAU 计）	b
转化系数（平均每个用户分享带来的新用户数）	c

为了方便业务使用，我们可以使用次日留存率作为基准来简化该模型。基于留存率曲线模型，产品上线后很快就可以获得次留因子 a，那么简化后的通用模型如下所示。

$$a \times r1 \times b \times c \geq 1$$

表 7-5 是上述通用模型的三组数值示例。可以看到，D 产品在增长爆发期，模型计算值大于 1。到产品生命周期后期，模型计算值小于 1。E 产品虽然次留较差，但是由于分享率很高，当前处于较好的发展趋势。自裂变增长模型可以很好地评估产品当前状态和未来发展趋势。

表 7-5　通用模型的三组数值示例

指标	D 产品数值（生命周期前期）	D 产品数值（生命周期后期）	E 产品数值
$r1$	25%	18%	12%
a	9	10.5	13.3
b	40%	30%	75%
c	1.5	1.5	1.0
自裂变模型计算值	1.35	0.85	1.2

基于上述模型，我们还可以定义特定条件下的分享率和次留关系，以评估产品的业务目标。如图 7-3 所示，如果将转化系数

设定为 1，次留因子设定为 10，并将它们作为产品评估默认状态均值，那么自裂变增长模型的最低限度状态如下。

$$10 \times r1 \times b = 1$$

该公式表征的分享率与次留关系如图 7-3 所示，横轴为次留，纵轴为分享率。

如果想产品未来发展趋势良好，次留和分享率的关系曲线需位于图 7-3 中的曲线上方，这样才有可能做大规模。例如，如果产品次留为 15%，那么分享率需要在 67% 以上。若次留为 40%，那么分享率在 25% 以上即可。由于转化系数和次留因子在业务运转中会变动，所以目标指标的实际数据略有不同。

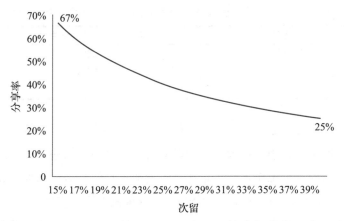

图 7-3　设定参数下的分享率与次留的关系曲线

7.3　游戏盒子

作为流量分发工具，游戏盒子聚合了各种小游戏列表页，吸引用户同时关注多款游戏。用户可以在列表页跳转进入多个游戏，这样做可以起到流量分发的作用。例如，某个游戏盒子列表页的日活用户中，70% 用户会点击进入列表中的游戏，并且其中一半用户会点击进入两个或更多游戏。

游戏盒子通常有两种产品形式：一种是作为一个独立 App 聚合了许多不同类型的轻度休闲游戏，通常也被称为"聚合小游戏App"；另一种是微信游戏盒子。聚合小游戏 App 具有高使用频率和长期用户保留两个特点。除了自身的游戏功能，聚合小游戏App 还可以为中重度游戏导流，可以作为一个游戏中心模块嵌入其他 App 以提高黏性。某款聚合小游戏 App 在特定时期的用户留存指标数据如表 7-6 所示。

表 7-6　某款聚合小游戏 App 在特定时期的用户留存指标数据

指标	某款游戏盒子 App 数值
次日留存	38%
7 日留存	17.4%
30 日留存	9.7%

微信游戏盒子聚合了不同种类的轻度游戏。由于微信用户来源渠道不一，用户量较大，所以新用户留存通常较差。无论游戏盒子的用户来源于推广买量还是流量池，我们都需要精准计算出游戏盒子内的用户价值，才能以此为基准来考虑获客成本。表 7-7是某微信游戏盒子的单用户数据模型。该微信游戏盒子的单用户LTV 为 0.2 元，在微信生态流量池中也可以聚集一部分流量。

表 7-7　某微信游戏盒子的单用户数据模型

指标	数值
次日留存	15%
累计贡献日活数 R_cum	2.5

（续）

指标	数值
依据 DAU 跳转不同游戏的占比分布的加权 ARPU	0.05
DAU 人均跳转游戏个数	1.6
单用户 LTV（元）	0.2

7.4 答题游戏

答题游戏有许多玩法，核心是用户参与答题的同时还可以获得奖金激励，另外还享受学习或互动的快乐，最终实现聚集流量并变现。这类游戏产品的形式包括答题通关、两两对战、定时赛、挑战赛和复活赛等。只有满足条件的用户才能参与奖金瓜分。用户可以通过参与指定任务或支付少量费用来获取参赛资格。同时，用户还可以完成指定任务或购买复活卡来修复比赛中的失误，以延续比赛资格或提升奖金份额。

这类产品有一个很明显且重要的特点，那就是不同维度的留存及使用情况不同。一般我们说的留存是指新用户的活跃留存，例如工具软件、移动资讯等产品的营收可以看作所有活跃用户贡献的。对于答题游戏产品，仅仅活跃并不能作为业务营收的主要来源。业务营收主要绑定在用户获取参赛资格的条件上。如果新用户对产品并不感兴趣，没有参与答题游戏，那么几乎不会贡献营收价值。同时，为了不同用户批次的用户在时间维度上对齐，本类产品需要关注的是新参与用户的留存，也就是关注参与过游戏的用户，在后续生命周期的参与情况。表 7-8 展示了某款答题游戏产品的单用户数据模型。

表 7-8 某款答题游戏产品的单用户数据模型

指标	稳定期数值
新用户 CPA（元）(参与维度)	6.0
次日留存（参与）	40%
7 日留存（参与）	22.3%
30 日留存（参与）	14.4%
累计贡献日活数 R_cum（参与）	22.3
参与答题用户的平均获奖率	30%
参与 DAU 的获奖用户人均奖金（元）	5
ACPU（元）(参与 DAU)	1.5
平均一个用户的 LTMC（元）(参与)	33.45
提现率	30%
现金成本（元）	16.0
ARPU（元）(参与的 DAU)	1.0
累积用户 LTV（元）	22.3
单用户 ROI	1.39

从表 7-8 中可以看出，依据参与留存率数据，该款产品每个用户的累计贡献日活数为 22.3，也就是说，单个用户在其生命周期内能够贡献 22.3 个 DAU。同时，由于用户的平均获奖率为 30%，人均奖金为 5 元，那么产品对每个参与 DAU 的付出成本为 1.5 元（该值由表中的 ACPU 参数表征）。于是，平均一个用户在其生命周期内能够获得 33.45 元，这也是该产品需要支出的 LTMC 成本。该产品设计有提现门槛等多种措施，提现率控制在 30% 左右。因此，平均每个用户的现金提现为 10 元，再加上获客成本 6 元，那么总的现金成本是 16 元。由于累积用户 LTV 为 22.3 元，那么最终的单用户 ROI 为 1.39。通过商业数据模型分析可知，当时市场环境中该产品能够达到 Break-even。

通过裂变激励，我们可以进一步降低获客成本，刺激师徒用户活跃。这样，单个用户的 ROI 就会更高。如果增加获奖用户的奖励或扩大获奖用户范围，那么参与留存率就会更高，但这里需要平衡考虑。通常情况下，一旦获奖，获奖用户次日再来参与答题游戏的概率是 70%，比总体用户的次日参与率高很多。

由于用户的奖金来自整体业务变现，这类产品的重点在于提升 ARPU。除了典型的广告变现和用户付费（例如现金付费参与游戏、购买复活卡等），该类产品还需要进行内容衍生。总体来说，答题游戏产品和网赚产品很相似，但增加了更有趣的玩法，对用户存在一定程度的使用价值，不单纯是一个工具，因此答题游戏的用户日均使用时长较长。当每日的奖金赛场次较多，同时存在衍生内容可以供用户在零碎时间进行短时间娱乐，用户的日均使用时长可超过 30min。这对于增加变现非常有益。

7.5　概率类游戏

所有的业务流本质上都是数据流。每种业务模式都对应着自身的商业数据模型。当创业者思考设计一种业务模式、评估业务是否可行且值得投入、预测业务的发展潜力和盈利规模时，他们需要建立匹配业务逻辑的完善数据模型，这也是精益创业中践行的精益数据思维。

用户经常会接触各种新奇好玩的概率类游戏产品，比如物品抽奖、开盲盒、真人在线抓娃娃等。本节分享和总结了一种概率类游戏产品通用的商业数据数学模型（如表 7-9 所示）。本节介绍的建模过程相对复杂，但总结提炼出的数学公式、数据逻辑和示例项目数值对于需要全盘深入业务的创业者和业务管理者有较大帮助。

表 7-9　概率类游戏产品通用的商业数据数学模型

业务模块	指标	变量
充值	现金充值档次总数，每档现金充值额	M，p_m
	每档充值的用户分布占比	u_m
	人均充值金额	$Y = \sum\limits_{m=1}^{M} u_m \times p_m$
	每档现金充值对应到游戏内虚拟金币（含赠送）的金币汇率	e_m
	人均账户充值金币数	$A = \sum\limits_{m=1}^{M} u_m \times p_m \times e_m$
虚拟金币消耗	商品种类总数、第 n 种商品的现金成本价	N、c_n
	每次参与第 n 种商品活动所需虚拟金币消耗	g_n
	人均次均参与第 n 种商品活动的概率分布占比	t_n
	每次参与活动的金币平均消耗数	$B = \sum\limits_{n=1}^{N} g_n \times t_n$
	人均账户金币遗留率	α
活动参与情况	平均每个用户参与活动总次数	$C = (1-\alpha) \times A / B$
	平均每次活动中新用户参与第 n 种商品活动的占比、老用户参与第 n 种商品活动的占比	β_n^{new}，β_n^{old}　$\sum\limits_{n=1}^{N}(\beta_n^{\text{new}} + \beta_n^{\text{old}}) = 1$
	第 n 种商品让新用户、老用户得到的概率（按次数）	p_n^{new}、p_n^{old}
	人均获得所有商品对应的成本	$D = \sum\limits_{n=1}^{N}(\beta_n^{\text{new}} \times p_n^{\text{new}} + \beta_n^{\text{old}} \times p_n^{\text{old}}) \times c_n \times C$

（续）

业务模块	指标	变量
置换成金币后继续参与活动	第 n 种商品的置换比例、置换倍数（含金币汇率）、人均获得所有商品对应的成本中参与置换的比例（置换率）	z_n、w_n、δ
	每次置换的成本衰减系数	$\theta = \sum\limits_{n=1}^{N} z_n \times w_n \times p_n^{old}$
	置换 i 次后对应的商品成本	$F = D \times (1 - \delta)$ $+ D \times \delta \times \sum \theta_i$
盈利	单用户 LTV（置换到最终次时）	$Y - F$
	单用户 ROI	$(Y - F) / CPA$

表 7-9 中提及的 CPA 是从充值用户的维度考虑的获客成本，由于商品成本金额较大，因此我们在这里使用业务净收益作为单用户 LTV，并且单用户 ROI 也从获客成本角度来衡量。

以某款实物抽奖游戏为例，用户充现金时，不同充值档次获得不同的虚拟金币。每次抽奖消耗金币，不同档次的实物物品需要消耗不同的虚拟金币，且不同物品的中奖概率不同。同时，为了吸引新用户继续参与，对新用户设置了略高的中奖概率。中奖的物品可以置换成虚拟金币，继续参与活动。不同档次物品的置换存在不同的奖励倍数。例如，价格为 10 元的物品，如果用户不拿走物品，可以置换成等价 30 元的虚拟金币。

表 7-10 是某款类似产品在特定时期的单用户数据模型。该游戏产品可以通过设置中奖概率、置换率等参数来将表 7-9 数学模型中的 ROI 数学期望优化到相对最优。最终，该游戏产品的单用户 ROI 为 1.56。

表 7-10　某款实物抽奖游戏产品在特定时期的变量数值
　　　　　及单用户数据模型

关键指标	变量	数值
人均充值金额（元）	Y	15
现金对虚拟金币汇率		1：10
人均账户充值金币数	A	230
实物档次总数	N	3
参与低、中、高档次实物活动的每次所需金币消耗	g_n	18、38、58
每次参与活动的金币平均消耗数	B	28.4
人均账户金币遗留率	α	7.4%
平均每个用户参与活动总次数	C	7.5
平均每次活动中新用户参与低、中、高档次物品活动的占比	β_n^{new}	20%、14%、1%
平均每次活动中老用户参与低、中、高档次物品活动的占比	β_n^{old}	35%、20%、10%
低、中、高档次实物活动对于新用户的中奖概率	p_n^{new}	5%、3%、2.5%
低、中、高档次实物活动对于老用户的中奖概率	p_n^{old}	3%、2.2%、2%
人均获得所有物品对应的成本（元）	D	4.9
置换率	δ	50%
每次置换的成本衰减系数	θ	0.4
置换很多次后对应的物品成本（元）	F	4.08
单用户 LTV（元）		10.92
充值用户的平均获客成本（元）	CPA	7
单用户 ROI		1.56

　　由于用户中奖的物品一般会延迟提取，因此存在提单率。对于月度现金流 ROI 来说，产品需要支出的物品现金成本更低一些，所以月度现金流 ROI 会比单用户 ROI 更高一些。如表 7-11 所示，月度现金流 ROI 达到 1.91。表 7-12 展示了项目达到一定用户规模后的年营收和年利润数据模型。

表 7-11　稳定期月度现金流 ROI 数据模型

指标	稳定期第 N 月
DNU（万）	10
获客总成本（万元）	70
充值金额（万元）	150
置换很多次后对应的商品物品总成本（万元）	40.8
物品提单率	40%
当月真实花费物品成本（万元）	16.32
当月净营收（万元）	133.68
月度现金流 ROI	1.91

表 7-12　达到一定用户规模后年营收和年利润数据模型

指标	数值
1 年内累计 DNU（万）	5 000
累计用户付费率	12%
1 年内累计付费充值用户数（万）	600
年营收（万元）	9 000
年利润（万元）	2 352

如果将上述商业数据模型中的"中奖概率"改为"在线娃娃抓中率"，那么这个抽奖游戏就可以变换成真人在线抓娃娃项目，对应的精益画布如图 7-4 所示。

自 2018 年，在线抓娃娃游戏风靡全国。该类产品形式为用户通过游戏应用软件远程控制娃娃机进行抓娃娃操作。用户可以相对真实地体验在大型商场实地玩娃娃机，不受地理位置的影响。由于真实性、趣味性和随时玩的特点，这类游戏广受目标玩家的喜爱。

在线抓娃娃 App 的日均人均打开次数一般低于 10，使用时长不超过 8min。虽然这些指标高于免费产品中的工具软件产品，但是和其他类型游戏一样，由于用户新鲜感快速消失，用户的留存率较低。同时，该类产品用户群体没有工具软件产品广泛，因此用户规模不是很大。

问题	解决方案	独特卖点	门槛优势	客户群体分类
用户无法便捷地体验用娃娃机抓娃娃的感觉； 没有随时围观他人抓娃娃的乐趣； 日常实体机中用户想抓的娃娃品种较少	用户可以远程控制实体娃娃机； 开放所有娃娃机当前的互动视频； 上百台不同品种娃娃机同时可玩	随时随地远程控制娃娃机抓娃娃	实时在线控制大量娃娃机的系统、让用户信任抓中策略	喜欢玩亲自控制实物游戏的用户、喜欢获得胜利快感的游戏用户人群
	关键指标 DNU、 付费率、 人均充值金额、 置换率、 提单率		**渠道** 各大联盟渠道、 商场地推、 裂变拉新	
成本分析 获客成本主要在于买量成本和裂变激励， 日常维持成本主要是机器购置、娃娃、电费， 还有带宽、研发、人力等固定成本			**收入分析** 营收依靠用户充值， 人均充值在 10 ～ 20 元， 收支平衡点预估：月营收百万元以上	

图 7-4　真人在线抓娃娃项目的精益画布

　　整体上看，概率类游戏有许多玩法，我们可以依据不同用户群体设计不同的参与方式。市面上类似的中小型游戏每年层出不穷，总的覆盖用户范围很广，是一个可持续的创新方向。概率类游戏模式简单，商业数据逻辑相对通用。除了产品形态，重点在于所设计的"概率"需要在用户享受、用户信任和系统内在成本等要素之间找到平衡。

|第 8 章| C H A P T E R

付费产品

　　需要用户付费的产品通常是以提供的功能和解决方案直接为用户带来实用价值,满足用户在软件功能、知识获得或社交等方面的迫切需求。在这些付费产品中增加广告会显得突兀。这类产品不像阅读类免费产品那样容易有合适的场景来展示很多广告,因此仅通过广告变现难以维持产品的运营。同时,广告曝光会影响用户体验,从而大大降低产品的黏性。

　　付费工具软件通常采用会员制收费模式。由于一些使用场景与信息流广告贴合,一些工具在不影响用户体验的情况下也会增加广告来提高变现水平。付费工具承载的功能相对多样化。例如,图像处理类工具提供图片扫描、图片修复、图片美化等功能；视频处理类工具，日记 / 记事 / 个人管家等生活服务类工具，在线协同办公、在线招聘、公众信息查询等工具均提供了用户在日常生活中需要的实际功能。很多付费工具还会同时提供移动版和网页版。不论何种产品表现形式，它们的商业数据链路基本一致。

在线课程等教育类产品和电商平台的逻辑相同，都为用户提供需求商品，用户付费购买知识，或者付费购买实物。两者都按照商品收费，商品种类一般较多，不同种类商品的价格也不同。如果平台自营，除了带宽和研发成本外，项目还存在较大的商品成本支出。社交产品侧重于用户的精神需求，通常也采用会员制收费模式，在用户交友互动中还通过虚拟衍生服务刺激用户付费。

总体来说，付费产品的关注重点在于用户的付费情况。用户认可产品提供的价值相当于认可费用是合理的。主打小巧和刚性需求的产品服务虽然需要用户付费，但是客单价低，因此我们需要重点关注用户群体的付费率和目标用户的付费频次。客单价高的产品可能存在较高的供应链成本，这类产品的营收较高，利润来自分佣抽成，发展重点在于流量获取，与为用户提供功能类工具产品的市场战略定位明显不同。

8.1 工具软件

大多数工具软件产品的用户使用频率较高，但是星座测试、性格测试等产品侧重临时工具，用户一般会在一定时间内使用一次，这类产品属于典型的"洗流量"，很少单独作为一个系统存在，通常被嵌入在各种流量入口，包括第三方和网页搜索等。虽然用户没有留存，但商业数据链路一样完整。这类产品通常客单价较高，只要转化率高，并且目标用户规模较大，也能带来较好的边际效益。

会员制和临时消费是付费工具软件产品的主要来源。如果用户会在后续一定时间内高频使用，通常会选择按周、月、季度或年等周期付费，而临时消费主要来自用户本次紧急使用需求、日常活跃中的尝鲜或冲动消费等。工具软件产品在新用户获取方面具有较大的优势，由于能够解决用户的现实需求且应用面广，因此用户自发获取的积极性很高，这使得该类产品有持续的自然流量，相当于总体上的平均获客成本 CPA 会降低。

例如，某款付费工具软件产品的会员包月费为 9.9 元，同时存在临时消费场景和少量广告变现场景。表 8-1 是 DAU 付费角度的单用户数据模型，表 8-2 是用户生命周期内的付费转化角度的单用户数据模型。它们本质上反映的业务逻辑是一致的，因此最终的单用户 ROI 也是相同的。

表 8-1　DAU 付费角度的单用户数据模型

指标	产品数值
CPA（元）	5
次日留存	33%
7 日留存	15.2%
30 日留存	8.5%
用户生命周期（天）	180
累计贡献日活数 R_cum	13.1
会员 ARPPU（元）	15
会员付费率	3.0%

（续）

指标	产品数值
会员 ARPU（元）	0.45
临时消费 ARPPU（元）	6
临时消费付费率	5.0%
临时消费 ARPU（元）	0.3
广告变现 ARPU（元）	0.05
总 ARPU（元）	0.8
单用户 LTV（元）	10.48
单用户 ROI	2.1

表 8-2　用户生命周期内付费转化角度的单用户数据模型

指标	产品数值
CPA（元）	5
累计付费用户转化率	20%
付费用户的平均会员制消费次数	2.43
付费用户的平均会员制每次付费金额（元）	13.0
付费用户的临时消费人均总金额（元）	17.535
付费用户的人均付费总金额（元）	49.125
按 CPA 用户的人均付费总金额（元）	9.825
广告变现累计金额（元）	0.655
单用户 LTV（元）	10.48
单用户 ROI	2.1

　　像星座测试这样的产品，更适合使用表 8-2 中的单用户数据模型来简洁清晰地反映业务逻辑。例如，某款星座测试工具的定价为 39 元，用户需要支付该费用才能获得当次的分析报告。用户不会在很长一段时间内重复购买付费，每日获客引流中只有 10% 的用户付费。因此，单个用户的 LTV 为 3.9 元，只要人均 CPA 低于 3.9 元，就可以实现盈利。

表 8-1 所述产品的稳定期月度现金营收数据如表 8-3 所示，日活跃用户数达到百万级别，年营收达数亿元。

表 8-3 某款付费产品稳定期的月度现金营收数据

指标	稳定期数值
日均 DNU（万）	10
日均 DAU（万）	131
日均用户付费总金额（万元）	98.25
日均广告变现（万元）	6.55
日均总营收（万元）	104.8
月营收（万元）	3 144
月获客总成本（万元）	1 500
月度利润（万元）	1 644
年营收（亿元）	3.77

共享单车产品本质上属于工具软件类。与纯线上服务的工具软件相比，共享单车产品提供的是用户连接到线下实体物品的使用服务。付费模式包括会员制和临时消费。在市场发展初期，共享单车产品还具有一个明显的特点，即以押金作为现金流收入来源。同时，线下的一辆实体单车可以收到来自不同用户的多份押金，尽管未来可能存在退还押金的情况，但从使用付费的角度来看，业务是存在正向现金流的。这种一物多押的商业模式非常奇特，虽然可能存在资金管理上的漏洞，但押金所带来的巨大现金流能够帮助业务快速扩张。

8.2 课程教育

课程教育科目一般包括英语、PPT 训练营、编程、绘画、考试考证培训等通用课程，通常可以通过公众号、自媒体、广告等渠道导流到课程平台。市面上，由于国内受众面广和用户自身需求高，英语教育可以作为一个垂直类产品进行推广。

对于经营多门课程教育的平台，若课程种类无法有效覆盖或课程的定位不匹配，可能大部分用户仅会购买单一课程，同时复购情况不会很好。在公众号导流时，关注用户数、订阅数、阅读数、领取优惠券用户数等前向数据指标相对重要。推广买量成本主要侧重单个关注用户的成本，它是单用户曝光成本、点击率和关注转化率的相乘的结果。由于每个用户的学习兴趣、所处的学习阶段和学习状态不一样，所以课程学习的分享转化率不同。

无论课程承载于自营移动应用还是第三方平台，能够持续导流获得新用户是关键。只有课程产品与目标用户匹配，才能让用户的黏性更高。课程产品一般需用户注册才方便转化，所以留存和付费等数据链路均是按照注册维度评估的。

某款轻度教育产品的用户留存率曲线如图 8-1 所示。该产品的新注册用户留存率很低，次留仅有 12%，30 天后用户留存率下降至 1% 左右，呈明显下降趋势。稳定期内，新参课用户的打卡次留为 50%，30 天后留存率为 25%，衰减速度正常。参课用户的生命周期较长，课程学习具有长尾特性。用户对课程感兴趣就会经常使用产品，参课后的活跃带来更多的付费转化。

表 8-4 为上述课程教育产品的单用户数据模型。可以看出，产品对于新注册用户的人均差价利润约为 3 元。由于是通用课程，受众面广，新用户流量相对持续，所以整体的用户规模比较大。裂变可以带来自然流量，但是由于付费转化率很低，所以没有考虑在表 8-4 的数据模型中。若是垂直类、专业类课程的培

训，转化率更低，目标用户较少。基于商业平衡，该产品需要保持客单价较高，因此专业课程价格一般更高。

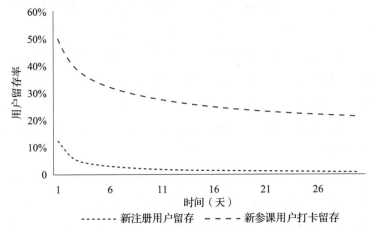

图 8-1 某款轻度教育产品的用户留存率曲线

表 8-4 某款课程教育产品的单用户数据模型

指标	产品数值
新注册用户的 CPA（元）	2.0
新用户参课率	16%
参课用户付费转化率	60%
人均参课次数	1.9
人均每单付费金额（一单仅对应一门课程）(元)	28
付费用户累计付费金额（元）	53.2
单用户 LTV（元）	5.1
单用户 ROI	2.55

8.3 电商平台

电商平台的投入较大，无论网上电商还是社区团购，都对供应链有很高的要求。从直接面向用户的角度来看，电商中最大的利益方主要有电商平台、店铺商家和导流方。

电商平台不难理解。目前，头部平台主要是全品类覆盖用户需求，用户黏性很强，复购率也很高。腰部和尾部电商平台通常流量相对缺乏，要么嵌入综合应用作为一个商业模块，要么提供垂直类商品服务，比如生鲜菜品、轻便百货等。部分电商平台采取差异化竞争，通过团购拼单的形式，为用户提供物美价廉的商品。通常商品种类较少，变现水平较低，特别是在面向下沉市场的消费用户时。

店铺商家入驻电商平台，可以是个人也可以是企业，为消费用户提供特定商品。店铺商家弥补了电商平台自营商品种类不足的缺点，能够让用户在电商平台找到更多的商品，刺激用户活跃和消费。店铺商家虽然相对弱小，但和电商平台是互相成就的伙伴关系。

导流方通过返利等激励方式形成了一个相对稳定的用户流量池。用户通过导流方的链接跳转到电商平台或店铺商家消费后，导流方可以根据品类和消费金额获得一定比例的佣金。用户的返利来自这部分佣金。导流方本身也是一个平台，它的合作方很多，不仅仅是线上平台或线上商家，也可以是线下商家。若导流方面向线下商家，连接线上用户，并将线上用户导流至线下消费时，这就形成 O2O（Online to Offline，线上到线下）场景（例如医美、二手车等）。在这类场景里，导流方本身就是一个电商平台，只是侧重于营销和获客，不涉及供应链。供应链和直接为用户提供的消费服务依然在商家手中。

采用团购拼单方式的电商平台的用户行为转化漏斗如图 8-2

所示。某款电商产品对应的链路转化指标及在特定时期的数据模型如表 8-5 所示。每一步转化率数据可以从多个维度去拆解，例如，从购买模式上，分为拼单和直购；从拼单人数上，分为 2 人团、3 人团和 5 人团等。同样，搭建对新用户的行为转化漏斗可以对新用户的质量、支付等情况进行更深入的评估。

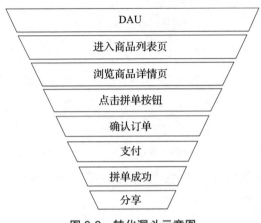

图 8-2　转化漏斗示意图

表 8-5　某款电商产品的转化漏斗数据模型

指标	产品数值
浏览商品详情页的 DAU 占比	39.5%
浏览详情页后点击拼单生成订单比例	44.2%
确认订单的占比	88.9%
支付占比	96.8%
支付成功拼单成功的占比	95.1%
拼单 PUR	14.3%
拼单成功后的分享率	15.7%

　　拼单团购电商平台重点关注的数据指标如表 8-6 所示，其中很多指标都可以拆解到细分维度去分析。

表 8-6　拼单团购电商平台重点关注的数据指标

模块	关键数据指标
用户规模	DNU、DAU、MAU
用户黏性	留存率、回访率
订单	订单数、成团数、拼单成功率、订单均价 AOV
支付	GMV、支付成功率、付费率、客单价
复购	复购率
用户行为	页面跳出率、行为转化率
商品	细分维度（SPU 或 SKU）的 GMV、动销率

　　首单购买、复购和分享等环节也是电商业务的重要关注点。某款电商移动应用在特定时期的单用户数据模型如表 8-7 所示。商业数据模型从新用户的付费和复购角度也可以反映，只是可能数据波动较大。另外，用户角度的复购情况其实已经被日活角度的付费数据所包含。同时，日活数据基数大，数据误差相对更小，逻辑也更容易理解。

表 8-7　某款电商移动应用在特定时期的单用户数据模型

指标	产品数值
CPA（元）	3.0
次日留存	18%
7 日留存	10%
30 日留存	6.5%
用户生命周期（天）	365
累计贡献日活数 R_cum	16.8
ARPPU（元）	125
PUR	20%
ARPU（元）	25
单用户生命周期累计 GMV（元）	420
退款金额占比	21%

（续）

指标	产品数值
平台综合佣金比	1%
单用户 LTV（元）	3.318
单用户 ROI	1.1

如表 8-8 所示，上述电商移动应用的稳定期现金流和营收数据表现良好，日活跃用户达百万级别，年成交总额 GMV 近百亿元。尽管电商平台的 GMV 很高，但利润率并不高。除了商品买卖的佣金收入，电商平台还存在商品广告收入。该收入主要来自用户搜索结果页面或主流页面中广告栏位的广告曝光。商家为了吸引流量、提高品牌知名度或促进商品销售，通常会在电商平台内部的广告栏位展示商品或服务。

表 8-8 某款电商移动应用的营收数据

指标	稳定期数值
日均 DAU（万）	100
日均 GMV（万元）	2 500
月 GMV（亿元）	7.5
月佣金（万元）	592.5
年 GMV（亿元）	90

8.4 医美

部分 O2O 电商场景（比如医美场景）的用户消费和临时工具软件的一次性消费特征有些类似。对于导流平台来说，用户在一定周期内几乎不会复购。这里存在两方面原因：第一，由于客单价高，用户在很长一段时间内不会再进行类似消费；第二，一旦用户导流转诊到线下商家（如医美机构），基本会成为商家的会员，用户后续可以直接在医美机构线下消费，无须依赖线上平台。

近年来，国内医美行业发展迅速，中国医美行业市场消费规模目前达千亿元级，同时增速较快。医美导流电商平台连接了医美机构和消费者，消费者人群集中于 19 ～ 35 岁、女性、大学学历、月收入 5000 元以上。这类用户注重美容疗效。在美容机构进行线上推广时，由于广告展现的仅是产品服务的文案介绍，用户更多是通过在线咨询的方式进行沟通。由于咨询工作具有个性化特征，医美服务的转化链路和转化周期更长，所以现阶段该类业务的有效获客成本很高。相关数据显示，中国医美消费者渗透率不到 2%，毛利率约为 50%，净利率低于 10%。国内医美行业现处于发展初期，进入门槛较高，具有竞争力的医美平台的优势在于能够很好地整合头部医美机构和名医资源，为用户提供高质量服务。未来，随着人们对医美接受程度的提高，医美受众年龄范围会不断扩大，服务男性用户的细分医美市场应该会有进一步发展。

表 8-9 为某款医美电商 App 特定时期的单用户数据模型。医美平台主要通过信息流广告、搜索引擎优化、社区或自媒体宣传、熟人间分享推荐、第三方流量机构合作等方式聚集流量。不同的渠道和手机操作系统的获客成本不一，当前总体在 5 ～ 15元，表 8-9 显示当时市场环境下的平均激活成本为 7 元左右。另外，由于平均每个到店成交的成本很高，接近 700 元，因此除了线上获客转诊，地推转诊也是一种很好的引流方式。地推的获客规模和获客范围有限，需要重点关注到店转化率、成交率和客单价等指标。

表 8-9 某款医美电商 App 特定时期的单用户数据模型

指标	产品数值
CPA（元）	7.0
表单咨询率	5%
到店率	30%
到店下单成交率	70%
激活用户到下单成交的总转化率	1.05%
平均每个到店成交的成本（元）	666.67
客单价（元）	5 500
平台分佣比	20%
单个付费用户贡献平台佣金（元）	1 100
单用户 LTV（元）	11.55
单用户 ROI	1.65

不考虑用户复购、平台与线下医美机构的用户后期开发分成，该款医美电商 App 的营收数据如表 8-10 所示。医美电商平台的线上转化率很低，对咨询转诊服务有很高的要求，需要大量经验丰富的咨询师。同时，地推方式存在地域限制，规模效应不高。在业务执行落地时，创业者、决策者和管理者需要时刻关注当前市场的各项数据指标，及时做出合理的优化策略。

表 8-10 某款医美电商 App 的营收数据

指标	稳定期数值
日均 DNU（万）	3
月均 DNU（万）	90
月均到店下单成交数	9 450
月均 GMV（万元）	5 197.5
月均分佣（万元）	1 039.5
年 GMV（亿元）	6.24

8.5　生鲜电商

生鲜电商平台属于垂直类O2O，经营的蔬菜、水果、肉禽蛋等商品都是人们生活中的刚需。采用前置仓模式的生鲜电商，以商品集合采购的高质量和低价格、极速达和送货上门的物流服务，满足了每天数百万用户的消费需求。通常，目标消费用户每隔2～3天就会再次下单购买，购买生鲜属于长期可持续的消费行为，付费用户的黏性较好。

结合生鲜电商的业务特点，直接从用户下单购买角度评估数据比从用户留存角度评估直观，生鲜电商平台的单用户数据模型如表8-11所示。

表 8-11　生鲜电商平台的单用户数据模型

指标	数值
每月人均订单数	10
订单均价（元）	70
月均人均消费 GMV（元）	700
年人均消费 GMV（元）	8 400
毛利率	4%
年人均贡献利润（元）	336

前置仓的履约成本较高，主要包括物流费用、租金、水电费和配送人员工资等，所以整个业务的毛利率很低，但是由于用户持续消费，用户的年人均贡献利润依旧不低。表8-11中的年人均贡献利润其实是一年内的单用户LTV的扩展指标。在营销获客时，只要付费用户的获取成本CPA低于单用户LTV，该用户的业务ROI就大于1。即使存在研发管理费用等固定成本，只要业务能够规模化，且运营效率较高，综合的经营利润率就

可以为正向。

　　生鲜电商还有一个重要的特点，就是严格的地域限制。每个配送仓覆盖一定的物理区域。区域的人口密度、目标用户数等因素决定了消费频次，也决定了该配送仓赚钱或亏损。在业务运营中，我们可以关闭亏损较大的配送仓。配送仓的建设也带来了一定的业务灵活性。从配送仓的角度去分析整个生鲜电商业务更方便。

　　表 8-12 为生鲜电商平台在特定时期的单仓数据和年营收数据。可以发现，履约费用率占到了近三成。由于是前置仓，履约费用率无法降低很大幅度。表 8-12 中的销货成本费用包括商品采购成本、损耗、退款等。生鲜的损耗率通常较高。随着运营管理的完善，损耗率有进一步降低的空间。不论预估测算还是实际运营，通过对各项关键指标的数值敏感性测试，当各指标达标时，一定程度上可以确保特定区域的配送仓是盈利的。

表 8-12　生鲜电商平台在特定时期的单仓数据和年营收数据

指标	数值
单仓日均订单量	1 250
订单均价（元）	70
单仓月 GMV（万元）	262.5
单仓年 GMV（万元）	3 150
履约费用率	29%
销货成本费用率	67%
年利润率	4%
单仓年利润（万元）	126
配送仓数量	300
年 GMV（亿元）	94.5
年利润（亿元）	3.78

结合表 8-12 的数据进行扩展分析，当配送仓数量达到 300 个时，年 GMV 可以达到近百亿元。然而，由于人口密度、消费能力、消费习惯和地域规模等因素，单个一线城市一般就需要 200多个配送仓。随着配送节点数量进一步增加、运营效率提升，各项关键指标达标，在利润为正的条件下，年营收规模会更高。

8.6 二手交易

由于行业特性，二手交易平台大多是针对垂直类商品的交易平台。垂直类商品主要包括日常大众生活中的车、房、3C 数码等，以及小众的名牌包、奢侈品、艺术品等。二手交易平台属于 O2O 服务，大多涉及电商和金融模式。二手市场是一个规模巨大且增速稳定的市场，例如 2020 年国内二手车交易量近 1500万辆，整个市场的交易规模超过 1 万亿元。相关数据显示，2021年国内二手房成交额在 7 万亿元以上，重点城市的二手住宅成交总量超过 141 万，成交面积超过 1.3 万亿平方米。

二手交易平台的营收主要来自佣金和服务费。由于车是消耗品，涉及的产业链路更长，包括汽车金融和汽车后市场等，因此二手车的营收来源更为多样化。车辆交易的服务费、买家客户使用金融贷款的佣金分成、车辆保险的佣金分成和维修保养服务消费的分成都是二手车平台的收入点。其中，车辆交易的服务费通常为交易价的 3%，并且存在最低收费（例如 3000 元）。此外，二手车平台还可以自营收购优质低价二手车，赚取买卖价差。

目前，国内二手车市场依然集中度很低，竞争格局分散，并没有出现马太效应，这与二手车的行业特殊性有很大的关系。

　　首先，二手车是非标品，无法自动化定价和一键成交。车辆的品牌、配置、年限、行驶里程、成色、损坏程度、维修情况、买卖双方评估差异等都是影响车辆价格的因素。同时，二手车平台还需要配备检测人员对每辆车进行完整的技术检测，降低了位置区域的辐射效应，也增加了专业技术要求。

　　其次，二手车的去化周期较长。从卖家车辆上线挂牌到最终成交平均在 2 个月以上，交易周期长增加了交易的不确定性。还有，二手车平台需要不断进行市场营销推广，获客成本高，转化周期长。营销费用再加上门店人工等固定成本，给资金周转带来较大的挑战。二手车也不是用户的高频消费，高价推广获取的用户即使下一次还会在该二手车平台进行交易，也是很多年之后。另外，每个地方都存在规模不等、占据地理优势的线下二手车交易市场。这些分散的中小规模的线下车商构成了二手车平台的天然屏障。所以目前为止，线下中小规模的车商占据了绝大部分的二手车市场交易份额。O2O 的二手车交易平台较难做大。

　　某二手车交易平台在特定时期的商业数据模型如表 8-13 所示。由于二手车交易标的是车辆，而且二手车交易相对较少，用户涉及买卖双方，所以从车辆的角度评估商业数据模型比从用户角度评估更为简单直接。

表 8-13　某二手车交易平台在特定时期的商业数据模型

指标	数值
月均交易车辆数（万）	1
平均每辆车成交单价（万元）	12
折合每年车辆交易 GMV（亿元）	144
服务费率	3%
平均每辆车的服务费（元）	3 600

（续）

指标	数值
其他所有增值服务（金融、汽车后市场）的佣金分成平均占车价的比率	0.5%
平均每辆车的综合盈利（元）	4 200
其中自营赚取买卖价差的车辆占比	10%
平均每辆车的自营买卖价差（元）	6 000
月均综合盈利（万元）	4 800
年营收（亿元）	5.76

从表 8-13 中可以发现，业务营收组成中，车辆交易的服务费贡献最大。对于一个年成交 GMV 过百亿元的平台，业务营收金额并不高，二手车交易平台还存在非常高的线下固定成本，人效和能效的提升空间有限，这种商业模式的边际效益很低，与移动资讯、短视频、工具软件应用存在本质区别。

前面提及的固定成本、人员成本等营业成本可能会占到营收的 80%。同时，平台每年需要投入巨额广告营销费用，并且广告营销需要面向买卖双方。大量品牌广告还无法评估转化效果。另外，表 8-13 所示二手车交易平台的交易量接近 1% 的二手车市场份额。在分散的竞争市场中，这个占比已经算是较高的数据了。

一些二手车交易平台没有考虑直买直卖的模式，不去撮合买方和卖方，而是只为卖车用户提供服务，例如提供车辆拍卖服务。平台会选择经过认证的中小型车行入驻平台，车商充当买方角色。虽然这种模式在一定程度上可以提高效率，但规模会受到限制。

相比于二手车市场的分散程度，二手房市场的集中度很高。二手房交易不存在类似于二手车的非标准化程度和检测技术要求。同一片区域的房价差别不明显，买卖双方对行情也比较清晰。同时，房产是不动产，不涉及供应链、物流等场景，所以二手房的交易"轻"很多。房产属于大件不动产，价格较高，因此二手房的交易额会很高。即使收取 1 ～ 2 个百分点的佣金，每套房的交易佣金也不低。另外，二手房交易平台除了撮合房屋买卖交易，还可以引入出租业务，线下门店均开展租售一体化业务，所以二手房的单店效益相对于二手车的高很多。同时，二手房交易平台的业务还可以延展至新房销售。总体来说，二手房市场存在马太效应，平台发展空间很大。

表 8-14 展示了某头部二手房交易平台在特定时期的商业数据模型。由于二手房交易金额超过 1 万亿元，因此平台佣金也是百亿元级别。运营成本通常符合二八法则，即成本占 80%，20% 为利润。由于存在规模化效应，投入期过渡到稳定期后，年毛利相对可观。

表 8-14　某头部二手房交易平台在特定时期的商业数据模型

指标	数值
平均每套房产均价（万元）	200
服务费率	2%
平均每套房产的交易佣金（万元）	4
年成交二手房套数（万）	80
年成交金额（万亿元）	1.6
年成交二手房佣金营收（亿元）	320
营业成本占比	80%
年毛利（亿元）	64

对于二手市场来说，能够撮合买卖双方成交的商品价格高，且能够形成规模化占据一定市场份额的平台有较好的发展空间和

竞争优势。除了车、房等方向，奢侈品、艺术品也是当前二手市场尝试发展的赛道。3C 数码等行业相对特殊，虽然这类商品的消费频率不低，但是由于消费电子产品更新迭代快，二手商品残值很低，且存在专业技术要求，所以若是做平台型自营产品，通常是商品回收模式，而不是撮合交易。奢侈品之类的商品由于存在信任需求，二手交易平台可以充当第三方机构帮助鉴定，那么用户自然会在平台上进行交易。

8.7 陌生人社交

相关数据显示，国内移动社交用户总数已突破 10 亿。熟人社交产品的用户活跃度很高，陌生人社交的头部产品月活跃用户数（Monthly Active User，MAU）也超过 1 亿。

陌生人社交产品表现为在有限地域的交友，是一种基于定位服务（Location Based Service，LBS）的上层应用。用户大多喜欢认识附近的人，而交友产品更偏向女性。

陌生人社交的活跃用户主要为年轻人，集中在 35 岁以下。部分产品以男性用户为主，脱单、陪伴、三观匹配和灵魂交友是这类产品常用的宣传语。近年来，直播、聊天室的爆发使得陌生人语音社交迅速发展。公会的参与也带来了很多优质的声优网红资源，因此语音社交平台的热度较高。

表 8-15 为某款语音社交 App 在特定时期的单用户数据模型。对于市场买量获客，推广量越大，自然新增用户就越多，相当于平均获客成本有所降低。自然流量主要是来自用户分享裂变、口碑传播等。

表 8-15 某款语音社交 App 在特定时期的单用户数据模型

指标	产品数值
CPA（元）(注册)	10
注册用户付费率	3.0%
平均每个付费用户的获客成本（元）	300
次日留存	18%
7 日留存	8.3%
30 日留存	4.6%
用户生命周期（天）	120
累计贡献日活数 R_cum	6.1
ARPPU（元）	60
PUR	3.5%
ARPU（元）	2.1
单用户 LTV（元）(注册)	12.81
付费用户人均 LTV（元）	427
单用户 ROI	1.28

该类产品的用户付费主要来自会员充值、道具或礼物购买、参与直播等。对于存在公会、第三方主播等利益方的社交平台，平台内的虚拟礼物购买、打赏付费等流通的是虚拟金币或道具。每笔交易都会带来虚拟金币的结算，这些交易构成了平台的消费流水。同时，相同时间段的消费流水通常远高于用户的现金充值总额。

陌生人社交产品的新用户黏性较低。与熟人社交产品不同的是，陌生人社交产品的用户生命周期较短。一旦用户体验不能满足需求，就会快速流失。同时，一旦用户交友成功，就会转向熟人社交产品。因此，增加更多匹配产品特性的泛交友服务和衍生服务对延长陌生人社交产品的用户生命周期至关重要。

| 第9章 | CHAPTER

金融产品

涉及现金交易并真实存在资金流转的业务形态统称为金融产品。除了依赖宏观层面上的政策监管，金融产品的业务发展重点在于获客、资金和风控3个方面。

金融产品主要包括面向用户的投资理财平台、网络借贷、交易市场、资产数字化平台等。投资理财平台主要是筹集用户的资金并对接资金需求方，从中赚取资金利润差。部分产品提供了衍生服务。当前，投资理财平台基本转向助贷，从中赚取服务费。网络借贷业务中，由于平台方是资金放贷方，对借贷用户有一定要求，同时网络借贷平台和用户都会参与资金的操作处理，数据链路相对复杂。网络借贷业务按时间分为贷前、贷中及贷后3个阶段。贷前阶段进行推广、宣传、拉新；贷中阶段进行用户评估；贷后阶段进行催收及续贷等。网络借贷产品的业务流程包括获客、用户安装应用、注册和收集信息进行验证、风控、放款、到期还款或催收。

国内消费信贷规模较大，但转化率较低，导致获客成本一直很高。相关数据显示，国内网络借贷产品的用户主要是年轻人，年龄大多在 18 ～ 40 岁之间，男性居多，学历大部分在本科以下，月收入在 3000 ～ 8000 元之间，职业主要为基层白领和蓝领。这些用户大多属于"月光族"，很难获得传统金融服务，同时也没有熟人借钱的习惯。网络借贷产品正好满足了这类人群的资金周转需求。

近年来，网络借贷服务开始在东南亚等地区崛起。该地区人口众多，经济发展快速，互联网渗透率高于 46%，为网络借贷提供了天然的土壤。因此，消费信贷市场具有极大的潜力。

随着元宇宙迅速发展，部分大型商业公司开始布局元宇宙，将其作为未来发展战略。作为元宇宙的基础设施，Web3 解决了 Web2 在信息孤立和相互信任方面的许多不足和局限问题。企业可以在元宇宙中创建数字人、数字门店和旗舰产品，用户可以在其中享受沉浸式虚拟服务和资产增值。在元宇宙中，非同质化通证（Non-Fungible Token，NFT）艺术品和数字藏品等是重要的资产形式。NFT 利用区块链技术记录了文化艺术品、图像、音频 / 视频、稀缺游戏道具、虚拟地产等数字资产的唯一所有权。这也使得 NFT 成为一种数字货币。

调查数据显示，大部分调研用户持积极态度，支持元宇宙的发展。许多年轻用户还购买了虚拟产品或数字资产。随着元宇宙的发展，用户将能够在虚拟世界体验更好的虚拟现实、虚拟消费、虚拟货币和数字资产服务。数字资产天然具备金融属性，是元宇宙创新业务的市场基础。元宇宙生态中的经济模型和货币流转是形成产品品牌知名度、吸引用户一起参与打造有影响力的去中心化社区的关键因素。

区块链技术不仅支持元宇宙的数字资产化，还可以帮助传统资产和另类资产形成数字化。基于区块链，所有传统资产的登记、存储、流转和交易变得更加透明和富有信任感，用户也能更放心地进行投资、收藏和消费，市场前景光明。

9.1 网络借贷

某款网络借贷平台在特定时期的商业数据模型如表 9-1 所示。其中，逾期暂不考虑在数据链路中，因为逾期的资金只要不是坏账，就能够催收回来，依然可以回拢到平台。虽然损失了资金利用率，但是平台也能够获得部分罚息收入，这对单用户 ROI 影响不大。另外，关于用户复借，通常在当期还款后，用户在下一期的复借率最高。这主要是由于用户借款后的资金不一定能够马上周转。因为前期借款已经到期，所以用户先进行还款操作，然后复借。

表 9-1　某款网络借贷平台在特定时期的商业数据模型

指标	产品数值
CPA（元）(注册)	34.5
注册到过审转化率	20%
过审到放款提现	75%

（续）

指标	产品数值
平均每个新提现用户的成本（元）	230
平均提现用户每次账单金额（元）	5 000
服务费率	25%
人均提现金额（元）	4 000
平均账期（月）	1
资金年化利率	35.99%
人均还款金额（元）	5 150
坏账率	8%
人均坏账金额（元）	320
平台收到的人均还款金额（元）	4 830
资金角度的人均 ROI	1.14
人均贡献利润金额（元）	830
用户复借率	30%
单用户 LTV（元）(提现用户)	1 079
获客角度的单用户 ROI	4.7

从表 9-1 中可以看出，获客角度的单用户 ROI 为 4.7，比资金角度的人均 ROI 高得多。这主要是因为借贷产品的放款和还款本身就是资金操作，需要资金参与运转，与其他产品提供的实物商品或虚拟服务不同。同时，资金产品的生产要素是现金，平台的初始放款本金存在额度，当上个月度回款后，资金本金和利润又可以投入到后续的放款中。这样资金就可以滚动起来，相当于只需要一笔本金，后续的放款和借款过程依然是初始本金的滚动。从长期看，利润率很高。

该产品的月度现金营收数据如表 9-2 所示。总体来说，在网络借贷产品的业务运营和实施过程中，逾期、坏账、催收和客诉是考虑重点。

表 9-2　某款网络借贷平台的月度现金营收数据

月度指标	数值
新增提现用户数	10 000
新增提现用户的获客成本（万元）	230
新增提现用户的放款金额（万元）	4 000
平台收到的上月新借款用户的还款金额（万元）	4 830
老用户在本月复借人数	3 000
老用户的复借放款金额（万元）	1 200
平台收到的上月老借款用户的还款金额（万元）	1 449
总放款资金（万元）	5 200
总还款资金（万元）	6 279
月度利润（万元）	849

　　在网络借贷产品中，除了自营的借贷平台，还存在为第三方借贷平台导流的平台。这和为电商导流、游戏盒子的模式有些类似。通常，这种导流平台被称为"贷款管家"或"借贷盒子"。借贷盒子聚合了很多第三方借贷平台，它们的收入来源为按 CPC、CPA 或 CPS 分成结算。借贷盒子方便了用户在不同借贷平台上进行借款，提供了分发价值，重点在于运营效率，需要确保分发效率提升带来的价值能够覆盖获客成本。入驻商家的质量和数量对单用户 LTV 的高低存在很大影响。

　　借贷盒子的产品形态和微信小游戏盒子很像，所以留存率也差不多，通常次留在 15% ～ 20% 之间。由于不存在更深层的产品界面和服务内容，所以借贷盒子的用户生命周期很短，不超过14 天。人均点击次数在 3 次左右。除了留存率，我们一般还通过分析点击率和商家价值来确定商家的推荐排行，再结合商户数量的边际效应来尽可能地提升借贷盒子的单用户生命周期价值。比如，我们发现总商家数为 100 ～ 150 时边际效应最优。

9.2 元宇宙 Web3 的经济模型

元宇宙 Web3 的底层技术依赖区块链。区块链的分布式账本、共识算法和智能合约这三大要素为元宇宙的发展提供了支撑。无论元宇宙产品采用何种底层技术，它的核心仍在于构建合适的代币经济模型，以确保代币价格相对稳健。只有这样，才能有序刺激元宇宙产品（比如 NFT 艺术品、数字藏品或稀缺道具等）的发展。

在元宇宙中，流通的货币是虚拟货币（也称为代币）。运作机制比较简单的元宇宙生态一般只存在一种代币，相当于采用单币经济模型。而运作机制较为复杂的元宇宙创新项目通常会采用两种代币来构建稳健的系统经济模型，这也被称为双币经济模型。

双币包括母币和子币。母币一般用于 Web3 社区治理，也称为平台治理代币。子币则是该元宇宙项目生态内部生产、流通和消耗的代币。母币和子币可以形成不同程度的关联，也可以完全不关联，这主要依赖经济模型的设计方式。若子币被设计为稳定锚定于元宇宙外部世界的货币，那么该子币被称为稳定币。通常，只有区块链的公链生态才会存在稳定币。

无论元宇宙的经济模型采用单币还是双币来设计，代币经济模型都至关重要，且我们需要时刻关注经济模型的参数变化。一旦原有正常稳定的经济模型失去平衡，那么整个经济系统很可能进入衰退期，资产价格的稳定性就会快速崩溃，即使实施相关的修补措施也可能无济于事。

对于元宇宙生态的公链及其对应的稳定币所构成的双币经济模型，通常公链生态的稳定币需要对应的资产质押以确保基础牢固，同时公链生态的稳定币与母币的运转机制相对独立。如果公链生态的稳定币的设计机制是通过算法产生而没有实际资产质押，则被称为算法稳定币。

算法稳定币存在一定程度的风险，并不是永久的稳定。如果某个公链的算法稳定币的设计机制与母币纠缠较深，互相影响，那么该稳定币的稳定性存在不可预知的系统性风险，因为母币作为平台治理代币，天然存在生命周期，用母币表征的资产价格本身存在较大波动，这种波动幅度可能会击穿算法稳定币的可容忍幅度，最终导致稳定币失效。

本章不对元宇宙生态的公链进行展开说明，主要分享具有代表性的元宇宙创新项目的业务模型，以帮助创业者了解行业内的通用数据链路和经济分析方法。

1. 母币的释放和回收

治理社区的母币通常会逐步释放。大量释放母币会导致二级市场没有足够的资金承接。元宇宙项目通常会结合总锁仓量（Total Value Locked，TVL）进行释放。这种方法是基于存量市场的母币规模来考虑即将释放的代币数量。因为锁仓的目的是享受去中心化生态系统的收益，生态系统的年化回报率（Annual Percentage Rate，APR）越高，锁仓量就会越高。由于生态系统的收益来自营收，我们可以直接用营收来设计母币的释放逻辑，具体原则是营收越多就释放母币越多，存在一个比例系数。

假设营收以项目所处的公链平台币 TokenA 为计价基准，每个时间周期内释放母币有保底数量，同时，每释放一定数量的 TokenA 才可以释放特定数量的母币，也就是两者数量存在梯度。

比如，某元宇宙项目的母币释放逻辑如表9-3所示。在表9-3中，每个时间周期内，营收每增加1万个TokenA，母币才能释放5000个。每个时间周期内母币的释放数量上限为50万。对应的数据转换公式如下。

$$y = 5 + 0.5 \times (n-1)$$

其中，y 的最小值是5万，最大值是50万。n 为梯度数，是营收除以1万的向下取整，最小值为1。上述母币释放逻辑曲线如图9-1所示。

表9-3　某元宇宙项目的母币释放逻辑

指标	数值
每个时间周期内一个梯度对应的 TokenA 释放数量（万）	1.0
每个时间周期内释放母币数量的下限（万）	5.0
每个时间周期内释放母币数量的上限（万）	50
每个梯度增加母币释放数量的比率	1%
每个梯度增加母币释放的数量	5 000

单位：万

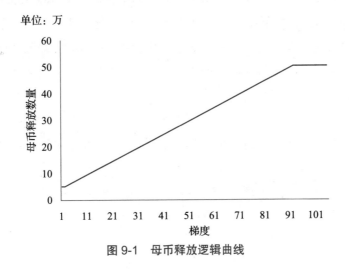

图9-1　母币释放逻辑曲线

在参与活动中，用户会消耗母币。对于平台而言，这相当于回收了母币。某一段周期内母币回收数相对于释放量的比例被称为回收系数。回收系数需要结合当前的锁仓量和用户的消耗量进行中心化的设置和调节。

2. 子币的产销数据模型

元宇宙项目通常结合数字藏品形成新的玩法。子币与数字藏品绑定。铸造数字藏品时会消耗子币。日常任务中使用数字藏品时，去中心化系统会产生子币。这里涉及一个关键问题，即子币的产销平衡。这个问题由数据指标"产销比"来表征。因此，产销比是稳定元宇宙生态和数字藏品资产价格的关键。子币价格需要保持相对稳定，因此在项目衰退期之前需要保持子币的产销比尽量小于1或者在1附近。

某些元宇宙产品结合了不同档次的数字藏品，稀缺度通常用R（Rare，稀缺）、SR（Super Rare，非常稀缺）、SSR（Superior Super Rare，最稀缺）等级别表示。这里简化为从1星到5星共五档。每个星级的数字藏品都可以升级到更高等级，升级过程需要消耗子币，等级越高，需要消耗的子币越多。数字藏品可以看作游戏道具，最低等级（1星）数字藏品或道具的购买也需要消耗子币，新用户通常从购买1星数字藏品或道具开始。用户在日常使用数字藏品或道具时，系统会产生子币，每个星级数字藏品或道具参与完成全部日常任务后所产生的子币数量基本固定。

总体来说，子币的产生来自用户参与日常任务、活动和裂变奖励等途径，子币的消耗来自用户对数字藏品或道具的购买和升级。

子币的产生和消耗都与数字藏品或道具的级别变化有关。高等级的数字藏品产出更高的子币，但需要消耗更多的子币才能升级。因此，子币的产销本质上取决于数字藏品或道具从入场时的星级分布转移到稳态时的星级分布，也被称为星级转移分布。星级转移分布决定了子币的产销平衡程度。表9-4中的数据和图9-2展示了星级转移分布。随着数字藏品或道具逐步升级，总体分布向高等级转移，高等级的增量来自低等级的减量。

表 9-4　星级转移分布数据

数字藏品或道具等级	该批次的入场分布	该批次的稳态分布	转移分布增量
1 星	90%	30%	−60%
2 星	5%	35%	30%
3 星	3%	20%	17%
4 星	2%	10%	8%
5 星	0%	5%	5%

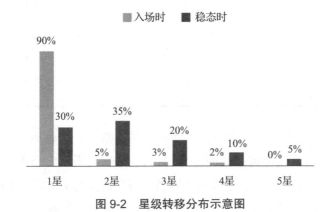

图 9-2　星级转移分布示意图

子币的消耗来自数字藏品或道具升级。从入门等级升级到高等级的子币消耗数据如表9-5所示。

121

表 9-5　数字藏品或道具升级到不同等级的子币消耗数据

子币累计消耗	数值
1 星数字藏品或道具价格	100
从 1 星到 2 星升级	40
从 1 星到 3 星升级	120
从 1 星到 4 星升级	330
从 1 星到 5 星升级	810
稳态分布的平均每个数字藏品或道具的子币累计消耗均值	189.3

　　子币的产出来自用户使用不同等级数字藏品或道具参与的日常任务。不同等级的日均子币产出不同，如表 9-6 所示。子币产销数值均受中心化控制，需要确保一定周期内子币的产销比处于合理状态。

表 9-6　不同等级的日均子币产出数据

日均子币产出	数值
1 星	2.5
2 星	3.5
3 星	4.5
4 星	5.5
5 星	6.5
稳态分布的平均每个数字藏品或道具的日均子币产出均值	3.75

　　表 9-7 是关键时间节点的子币产销比数据。从表 9-7 中可以看出，该款元宇宙产品的子币产销比在 50 天周期内小于 1，相当于早期供不应求，子币资产紧俏。当产销比大于 1 后，子币供应大于需求，不过这点没有问题，因为每个批次的数字藏品或道具在早期都会按照上述模式运转，产销比都小于 1。当一个批次的子币产销比大于 1 后，开始对子币生态贡献通胀价值时，后面

批次的数字藏品或道具在早期的子币产销比又会小于 1，每个批次的数字藏品或道具均具有 50 天左右的缓冲周期。

表 9-7　关键时间节点的子币产销比数据

子币产销比	数值
30 天周期内产销比	0.59
50 天周期内产销比	0.99
60 天周期内产销比	1.19

随着用户数量不断增加、数字藏品或道具不断增加和升级，只要经济模型设计合理，整体的子币产销会在早期很长的一段时间内保持平衡，直到该项目的产销比持续维持在 1 以上，经济系统才会走向衰退期。

图 9-3 展示了理想的子币产销比曲线示意图，早期维持在 1 以下，中期尽量维持在 1 左右，后期大于 1，逐步升高。

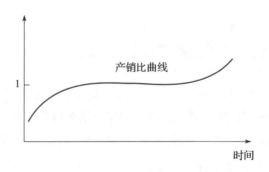

图 9-3　理想的子币产销比曲线示意图

相应的子币价格走势如图 9-4 所示。早期子币需求大于供应，价格逐步升高。中期子币价格达到顶峰。后期当产销比持续大于 1 时，子币价格逐步下降。

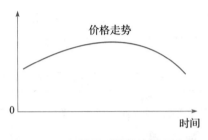

图 9-4 理想的子币价格走势示意图

研究代币经济模型的目的是确保资产价值能够吸引用户，同时使子币产销比尽可能稳定在 1 以下的水平，适度地偏向"通缩"，从而使子币价格稳定上涨，吸引更多用户参与活动。同时，代币经济模型需要不断监测和调整，尽可能延长子币产销比平衡状态的时间，为新用户入场留出时间。构建适应业务生态的经济模型有利于延长项目生命周期和资产价格的稳定时间。

9.3 结合区块链的资产数字化平台

随着区块链技术不断发展和全球经济数字化转型浪潮到来，利用联盟链等区块链技术的资产数字化平台逐步兴起。区块链具有去中心化和不可篡改的特性，可用于防伪、溯源，解决信任问题。资产数字化平台为权益证明的在线转让和转赠、投资收益的发放提供数字化服务。线上透明的二级市场方便用户投资和变现，并解决了权益证明的流通问题。

传统资产和另类资产等都可以结合区块链形成资产数字化平台。例如酒类资产数字化平台以白酒为实物标的，兼具投资和消费属性，特别是高端白酒。国内酒类用户群体规模较大，白酒品类的用户包括白酒消费者、白酒收藏爱好者、白酒投资者、白酒经营者等。最新的酒业协会数据显示，国内酒类收藏爱好者有 70 多万。但是白酒市场相对混乱，常有以次充好、真假难辨的情况发生，造成白酒投资领域风险较大，对市场发展不利。

结合区块链技术的酒类资产数字化平台能够解决信任和权益证明流通问题，满足了整个用户群体的需求。基于区块链技术，白酒的生产、加工、储藏、运输、鉴定和权益等所有信息上链，信息可靠且透明，实现了防伪和溯源。同时，每件商品或资产份额信息通过区块链创建唯一通证，可在线转让、转赠，形成数字化权益，在资产数字化平台自由流转。除了白酒，奢侈品、限量品牌商品等资产市场也存在解决信任和易于流通的数字化需求，市场空间巨大。

传统高端资产属于下有实物保底、上有增值空间的优质投资标的。结合区块链技术的资产数字化平台能够打造全链溯源、提升流通效率和构建消费投资一体化的数字服务体系，充分实现了上下游信息互联互通和产品全生命周期管理，可以为用户提供高安全性、高流通性、稳健增值的资产配置服务。

某酒类资产数字化平台的商业数据模型如表 9-8 所示。其中，获客来自线上营销、机构渠道合作、用户裂变等。为了提升转化，平台还会配备一定数量的理财顾问，对用户进行宣传培训和投资教育。为了更好地获客，平台还可以直接链接小程序，实现不下载应用软件也可以操作。

表 9-8　某酒类资产数字化平台的商业数据模型

指标	数值
（线上营销）获客 CPA（元）（注册）	20
（线上营销）注册到投资的转化率	6%
（线上营销）平均每个新投资用户获取的成本（元）	333.3
（线上营销）年有效获客人数	50 000
（机构渠道合作）平均每个新投资用户获取的成本（元）	330
（机构渠道合作）年有效获客人数	30 000
（用户裂变）平均每个新投资用户的奖励成本（元）	300
（用户裂变）年有效获客人数	20 000
年有效用户总数（万）	10
新客人均投资金额（元）	6 600
每年新客投资 GMV（亿元）	6.6
用户间流通交易年 GMV（亿元）	5.0
年交易总 GMV（亿元）	11.6

　　机构渠道合作带来的新用户通常按照 CPS 佣金结算获客成本。用户裂变带来新用户，推广员可以获得裂变奖励。资产数字化平台的商业逻辑与移动资讯、游戏等类型的商业模式存在较大差异，但是与电商平台的逻辑类似。新客的投资相当于购买了实物商品，不论二级市场是何种形式，均在用户间流转。另外，资产平台还可以对二级市场中的每笔交易收取交易服务费。资产数字化平台的交易规模包括标的出售的交易 GMV 和用户间交易的GMV。

　　传统资产主要用于投资和收藏，以获得稳健收益，因此这类资产的流转频率并不高。某些垂直领域的资产数字化平台不仅可以用于自营的资产标的，还可以引入第三方的优质标的，进一步扩大市场规模。

商业原点

　　随着互联网的深度发展和流量增长红利的消失，线上流量成本逐步攀高。从第 7 ～ 9 章的相关数据中可以看出，目前市面上能够花费高成本获取新用户的业务主要包括大型网络游戏、电商平台、金融业务和垂类教育培训等产品。这些业务可以从用户身上获取很高的价值，即单用户 LTV 很高。不论付费产品还是免费产品，都非常依赖流量，特别是免费产品，更不能脱离大规模流量的边际效应。

　　流量和资本是创新项目的壁垒，更为关键的创业壁垒和决策要点在于业务认知，即如何洞察用户的真实需求和需求空间，并打造适配需求的高黏性产品。从 0 到 1 的认知发现过程实际上就是精益创业的 PMF 过程。虽然很困难，但互联网已经拥有足够庞大的流量规模，如果能够精细化耕耘目标用户群体的真实痛点，就一定能够取得成功。

商业的本质是参与竞争，获得利益。无论出于何种目的，商业逻辑不清晰的创新业务或创新企业都逃不过消亡的命运。商业活动最终需要盈利，持续的盈利说明所提供的产品或服务为用户创造了长期价值。只有这种持续平衡的业务模式，才能长久稳定存在。只有商业收入增长，才能保持持续的用户增长。用户是所有商业活动的基石。用户只有获得价值，才会继续使用产品和服务，从而带来良性可持续的业务增长。纵观历史，许多业务或产品昙花一现，新奇的玩法或特色虽然一开始让用户眼前一亮，但最终还是被用户遗忘。这是因为这些产品没有为用户提供长期价值。

通过第 5 ～ 9 章介绍的各种业务商业数据模型，结合当前流量获客成本变高和国内新生人口减少的趋势，市场环境可能会发生重大变化。如果将 2022 年作为国内互联网上半场和下半场的时间分割线，那么原有的互联网运行模式形成的路径依赖，在下半场就可能变成思维牢笼。为了解决这种囚徒困境，我认为精细化、数字化和去中心化将成为未来战略重点。

10.1　精细化

随着消费升级以及新一代消费用户群体的崛起，虽然互联网高效发达，但已经无法满足多元化和细分领域的消费需求。用户需求的多样化在物质生活和精神上都有所体现，覆盖了整个商业维度。然而，很多用户真实存在的细分需求并没有被满足。

精细化体现在用户需求的精细化。从垂直赛道上看，像单身经济（婚恋、宠物、生育辅助、医疗、饮食）、银发经济、老年社区（养老、医疗、老年社交、老年娱乐、老年旅游）、职业教育、财商教育、美妆彩妆等领域仍没有形成高效完善的链路，存在很大的市场空间。

需求的变化来自用户群体的变化。例如，随着老龄化加剧，互联网人群中的银发人群（50岁以上）占比达28%，为银发经济奠定了基础。更多的用户人群还包括 Z 世代（"90后"人群）、具备明显地域消费特性的用户（如新一线或三、四线城市的消费用户、下沉市场的用户、小镇青年等）。不同的用户群体的需求存在着较大差异，无论需求类别还是需求深度。

随着不同人群自我意识的崛起和消费升级，小众市场逐步发展，例如男士护肤美妆、小众服装文化等。虽然小众需求的爆发可能不会很快，但市场会逐步扩大。存量市场用户人群的精细化和用户需求的精细化为创新业务带来了巨大机遇和挑战。如果能够提供匹配目标用户和目标需求的产品或服务，那么商业空间非常大。

精细化还体现在用户角色的精细化。除了延续互联网 C 端商业模式，B 端也是互联网后续的重点发力方向，特别是中小型 B 端客户。如果说之前十年的互联网生态重点在做 C 端平台连接用户，那么未来10年的互联网可能更侧重连接行业产业，服务中小微企业。

B 端组织拥有创新内容、知识产权、分销渠道、用户社群等独特卖点，对用户的深度需求理解也更为透彻。B 端组织可以直接与 C 端用户产生互动和交易。而平台型企业通过基础架构、技术能力和生态资源为 B 端组织提供服务，进而变相地连接用户。

C 端是经营消费的起点。在围绕 C 端消费者服务的过程中，更多中小企业组织和创新业务实体逐步变成了某种意义上需求多元化的 C 端用户。例如，电商业务中形成的 S2B2C（Supplier to Business to Customer）模式，即供应商（Supplier）为企业渠道商（Business）赋能，提供各种工具平台和技术支持，帮助企业渠道商与其用户（Customer）沟通互动并理解用户需求，最终供应商也能够获得需求反馈，与渠道商一起为用户提供服务。

此外，不同市场的需求存在时间维度上的鸿沟。某一在国内市场成熟的应用方案，在海外市场可能仍处于早期，这也为成熟方案的出海创造了条件。因此，精细化还表现在市场深度的精细化。不同市场中的用户需求存在差异，有利于商业规模的扩大。

除了上述用户人群、用户需求、用户角色和用户所处市场的精细化，技术精细化也是最大化用户价值的重要方面。技术精细化主要表现在通过技术手段来打通和优化业务全链路，提升业务整体效率。比如，精细化获客通过对不同渠道、不同获客方式和获客成本的分析，使得拉新成本足够低。

精细化运营是基于用户思维看待业务发展中的问题，通过对转化率、付费率、用户行为等方面的洞察和优化，提升用户黏性和变现水平，扩大了用户价值的转化程度。发现业务问题后，通过技术手段设计针对性的解决方案。例如精准的用户画像系统、智能营销系统、A/B 实验系统和流量反作弊等，都是技术精细化的体现。将业务全链路数据和第三方信息打通成数字化链路，也是技术精细化的一个重要方面。

总体来说，创新业务离不开精细化，在不同维度上的精细化实践是未来发展的必经之路。

10.2 数字化

通过建立标准的数字化服务流程并融合各种数字化手段，企业能够实现降本增效。数字化是做好精细化运营的前提。数字化赋能业务，优化了企业决策，整体提升了企业的服务水平和产品的用户体验。数字化赋能业务主要体现在数字智能方面，比如智能数字营销、智能数据采集等。这些方式能够打通和融合线上线下数据，形成全域数据集市，提炼更精准的用户画像，实现精准营销。通过数字化，业务人员能够精准理解用户深度需求，进而提供匹配用户需求的产品或服务，从而提高企业的竞争力。

帮助企业客户实现数字化赋能业务，是中小企业的新增长机会。当前，许多 SaaS（Software as a Service，软件即服务）平台已经取得了较大发展。市面上的 SaaS 产品的侧重点各有不同。有些 SaaS 平台偏向 BI 报表展示，有些则侧重帮助甲方或需求方打通和搭建完善的底层数据链路集成体系，以使数据的采集、治理和应用更加安全、高效。还有一些 SaaS 平台侧重智能应用，帮助需求方进行用户需求知识发现（Knowledge Discovery in Database，KDD）和指导业务决策制定。

SaaS 平台的本质仍然是为业务提供智能化服务。虽然数字化是大势所趋，但国内的数字化进程还处于早期阶段。甲方或需求方运用数字化技术的能力还待进一步提升，数字化供应方的系统工具或技术服务还不够成熟。数字化路程很长，这也决定了未来还存在更广阔的市场增长空间。

　　值得注意的是，产业数字化解决了传统行业的发展需求，数字化转型已经成为传统行业和产业互联网的新起点。移动互联网企业大多是数据驱动型，因此它们的互联网业务数字化相对深入。相对于互联网行业，很多传统行业或产业的数字化起步较晚。传统行业的数字化、供应链数字化、线下交易数字化等都是形成产业互联网的基础。数字化改造各行各业已经成为发展趋势，有助于洞察产业发展问题，挖掘机会和优化策略，帮助企业做出更准确的商业决策。

　　同时，数字化也是元宇宙的基础。元宇宙通过数字化才能搭建虚拟网络空间，形成"数字孪生"，使处于物理世界的用户能在虚拟空间实现沟通互动，从而连接物理空间和虚拟空间的社交和经济。数字化为开启数字经济赋予新的增长动力。

　　随着数字化的发展，数字智慧化（也就是"数智化"）时代即将到来。数字化侧重数据采集分析、底层数据治理等，而数智化更偏向于智能决策，基于数据处理技术、大数据和人工智能技术来解决不同场景（例如智慧城市、智能驾驶、智慧决策等）的应用问题，实现产业升级。也就是说，数智化在数字化技术进步的基础上能够满足更高层级的社会需求和诉求，更多表现在人工智能应用上。不论何种场景，比如智能营销获客、智能客服等，都需要利用海量企业和用户数据，以及借助数据分析工具，高效完成目标。

　　近期出现的人工智能内容自动生成技术（AI Generated Content，AIGC）和聊天生成预训练转换器（Chat Generative Pre-trained Trans-former，ChatGPT）等技术的用户使用量和访问频次越来越高。这些新 AI 技术应用在市场营销科技（Marketing Technology，MarTech）

领域，让数字营销更加智能化。新的 AI 技术在带来社会文明和技术进步的同时，也带来了企业与企业之间、人与人之间更激烈的市场竞争。寻找和发现这类数智化产品在商业市场的应用机会和投资机会，需要更深度、长远的思考和决策，而这些都依赖数据思维认知的革新。

10.3 去中心化

在当前互联网从 Web2 向 Web3 进化的过程中，大量匹配 Web3 的应用将出现，以适应新的消费场景、新的消费群体和新的用户需求。比如，通过区块链智能合约建立的去中心化自治组织（Decentralized Autonomous Organization，DAO）是一个互联网社区，成员间建立了可靠的信任机制和关系。

如果说 Web2 代表存量市场，那么对创业者的沉淀和经验要求较高。创业者需要捕捉到存量市场需求的细微变化，在业务的各个方面深耕和创新。去中心化为 Web3 带来了技术和商业模式的创新源泉，开创了互联网的增量市场，形成新的红利期，但是在早期也存在较大的机会成本。

正如邓宁 – 克鲁格效应，如图 10-1 所示，Web2 已经发展多年，用户熟悉 Web2 形态的产品或服务，对 Web2 的认知相对清晰，因此 Web2 处于邓宁 – 克鲁格效应中的"开悟之坡"到"平稳高原"的阶段。Web3 属于新鲜事物，目前尚未出现颠覆性的商业模式和产品，处于"愚昧山峰"的阶段。随着去中心化生态的发展，对用户没有长期价值的产品和服务将在"绝望之谷"被淘汰，商业模式也将进一步发展。

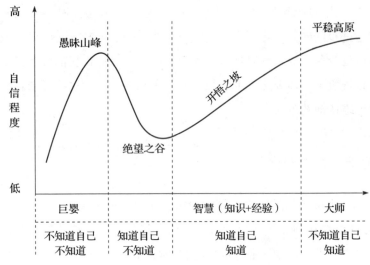

图 10-1　邓宁 – 克鲁格效应示意图

　　结合当前的互联网形态，去中心化的内涵并不局限于某个特定网络形态。社区存在各种人物的不同内容和意见表达，本身也是一种去中心化生态。这种生态带来了丰富多彩的 IP 化，让每个 IP 都可以成为一个流量中心节点。在传播媒介从图文化转向视频化的进程中，每个去中心化的流量节点所创作的优质内容，让互联网社区更加繁荣。

第三部分
业务增长中的精益数据分析

成熟业务或产品处于业务发展的"1~100"阶段。此阶段的重点在于业务增长，目标是实现高效快速的增长。"0~1"阶段的重点在于评估新业务、新项目、新产品投入市场后的反馈，但是也需要有一定的用户量和增长水平，这样便于创新业务获得真实的市场商业数据再进行迭代优化。也就是说，业务增长中所需要进行的精益数据分析不限于业务发展的某个特定阶段，而是贯穿于整个生命周期。

本部分主要介绍如何基于数据驱动精细化分析，涵盖完整商业链路中各业务模块以及关键点上的深度分析。这些内容可以帮助新业务、新项目、新产品在资源耗尽之前使关键指标达到或超出预期，进而快速突破精益创业流程中提到的PMF，同时帮助成熟业务实现更高的增长。

| 第 11 章 | CHAPTER

业务组织的目标量化

在项目立项前，重点工作在于合理地开展市场评估和分析，梳理和搭建匹配业务逻辑的商业数据模型，并考虑出现各种变化的可能。立项评估时，企业需要考虑长远战略、外部竞争、内部资源等。一旦立项，正式进入孵化体系的管理，企业需要搭建匹配的业务组织。

在面向 C 端的精益创业业务实践中，通常采用"1+2+3"的 6 个月生命周期的项目管理流程，也就是用 1 个月上线 MVP、用 2 个月进行精益优化、用 3 个月集中突破。在整个流程中持续监测关键数据指标并进行全链路评估，及时发现问题并改进，按周期进行业务复盘和数据复盘。在业务成长和优化过程中，实施多次小量测试、快速迭代、数据反馈、问题呈现和解决调整等闭环步骤，针对薄弱点进行精益优化，力争快速达到并突破 PMF。6个月周期完毕后，重点评估商业数据指标预期差异情况并评估是否存在进一步发展的可能。针对目标指标 Break-even，项目负责人需要给出项目终止、有限延期或独立发展的决策建议。

新业务、新项目、新产品基于第二部分内容中商业数据模型进行评估，若在一段稳定时间周期内单用户 ROI 持续大于 1，商业模式相对稳健，市场空间较大，那么该业务可以认为达到了PMF，可以继续发展。

11.1　业务目标的设定与量化分析

对于新项目的推进和发展，业务目标的管理与科学的孵化机制尤为重要。我们需依据新业务所处的不同阶段设定匹配的目标，并量化该目标以进行管理和评估。科学设定新项目的目标至关重要。由于新业务具有较高的不确定性，决策者、创业者和管理者都需要通过指标量化式管理来科学地设定目标。具体地，首先需要了解项目背景，摸清现有状态，包括客观环境、市场形势以及拥有的各种资源，重点关注核心强势资源和独特资源的状态。其次，要对项目进行战略定性，确定项目战略定位是盈利赚钱，还是形成用户流量池，预估项目生命周期，评估财务、业务、人才等资源是否匹配。然后，区分项目阶段，因为新项目处于不同的阶段需要不同的任务设定思路。通常，我们将新业务分为如下 4 个阶段。

- ❏ 启动阶段。
- ❏ 成长阶段。

❑ 增长阶段。

❑ 退出回收阶段。

最后，对达成目标的业务和财务进行指标量化，对运营指标进行拆解，确定细分维度上的量化目标。

此外，对业务指标要进行目标与关键产出结果（Objective and Key Result，OKR）式的目标管理。我们可以将新项目的关键业务指标进行统一，并拆分为通用指标和定制指标。这样，我们可以将新项目的内外部竞争整合到相同逻辑中，更方便进行比较、评估和战略倾斜。我们可以采用 OKR 的方式对项目目标进行拆解和设定。针对各条目重点考虑的 KR（Key Result）因素如表 11-1 所示。

表 11-1　OKR 式目标管理的考虑因素

目标	KR 因素
O1（Objective1，目标 1）	关注成本方面的数据指标，总体属于通用指标
O2（Objective2，目标 2）	关注业务指标，包括产品和运营指标，反映出业务运转的效果，是降本增效、促进增长的关键，属于定制指标
O3（Objective3，目标 3）	关注营收方面的指标，总体属于通用指标

在业务发展的不同阶段，各个目标关注的细分数据也不一样。

1. 启动阶段

本阶段主要以跑通、验证业务商业模式为导向。

❑ O1：主要关注市场推广方面的成本因素，包括获客成本 CPA 和获客规模数据，并评估这些成本是否达到市场平均水平及其优劣程度。

❑ O2：主要关注核心产品的运营指标，如留存率、转化率、付费率和客单价等指标的预期差异和未来预期。

❑ O3：对营收没有高要求，主要关注变现方面是否存在良好预期。

2. 成长阶段

本阶段关注业务商业模式在成本收入平衡方面的可持续性，对 O1（目标 1）和 O3（目标 3）有更多要求。

❑ O1：除了关注市场成本，还要关注财务成本，包括研发成本、人力成本等固定成本和间接开销。

❑ O3：关心营收、收入来源等，现金流需要保持持续稳定。

3. 增长阶段

本阶段以用户增长和扩大业务规模为导向，重点关注 O2（目标 2）。

❑ O2：关注用户规模、增长率等业务运营指标。

为了让业务有一定的灵活施展空间，不单独考核成本和收入，侧重对现金流投入产出比的评估。

4. 退出回收阶段

本阶段旨在快速精简流程、降低成本，重点关注 O1（目标 1）。

❑ O1：重点关注降低获客成本和固定成本。例如，通过部门人效产出的评估，确保业务衰减曲线平稳，延长回收周期，保持最优成本结构。

基于上述逻辑，下面分享两个典型业务的目标量化设定案例。

案例 1：某款处于启动阶段的免费工具软件

❑ O1：综合成本低于市场平均水平的 30%。

■ KR1：按激活设备维度的获客成本 CPA 低于 1.5 元。

- KR2：周期内新增用户总量不低于 10 万。

❑ O2：核心的产品运营指标正常。

- KR1：新用户留存率不低于 30%。

- KR2：老用户活跃频次日均人均大于 1.8。

❑ O3：广告变现符合预期。

- KR1：ARPU 不低于 0.05，改版后提升 ARPU 达到 0.1 元。

- KR2：改版后单用户 LTV 高于 1 元。

案例 2：某款处于成长阶段的信用消费贷应用

❑ O1：多渠道扩量后，新用户的平均获客成本不能高于上个周期的 20%。

- KR1：注册维度的 CPA 低于 30 元。

- KR2：平均每个新提现用户的成本不能高于 200 元。

❑ O2：提升用户质量，运营数据指标大幅提升。

- KR1：端到端的转化率由 15% 提升至 25%。

- KR2：新客过审通过率达到 15%，10 日坏账率低于 30%。

❑ O3：单位净利润不低于 50%。

- KR1：人均月度回款不低于 6000 元。

- KR2：单用户 ROI 高于 1.5，现金流每日总收入大于总成本 100 万元。

11.2　业务孵化与组织发展中的精益战略

资源共享和专家指导可以帮助新业务更快成长。中大型商业组织通常会成立创业孵化器进行兵团作战，在同一时期推进不同的业务线，意图在短时间内形成可复制的创业模式，快速达到一定市场规模。其中，业务孵化和组织发展中如何管理，运转机制是否合理，如何发现项目、定位项目、评估项目和用人等多个方面是构建一个系统化创业孵化器的关键。结合实际工作经验，我从机制、项目、人与团队、文化等方面进行详细说明。

在业务发展和增长过程中，不限于以上因素的考量，更精益的业务组织战略可以依据业务属性、团队人员状态和项目发展进行定制化延伸，确保和引导业务更好地走向成功。

11.2.1 机制

机制是组织创新和业务增长的保障，本节提出一些机制，包括激发创业激情、完善的孵化流程和制度、确保做正确的事情、合理拆解任务和目标、惩罚和约束、科学的过程管理、复盘与对比。

- ❑ 激发创业激情：让整个组织充满创业活力，建立创客社区，让每个参与人员都有短期目标，确保人岗匹配，设定合理的激励计划和即时奖励。内部找典型，外部请教练，激励斗志。

- ❑ 完善的孵化流程和制度：确定内部的孵化流程，在创新想法或创业计划、可行性分析、商业模式选型立项、创业实验、效果评价等细节方面衔接良好，形成一个创新想法头脑风暴、资源投入效果明确的正向循环。

- ❑ 确保做正确的事情：确保时间花在最需要解决的问题上，

组织和业务战略清晰，执行明确，一切以提升当前业务指标为导向，非紧急需求延后处理。

❏ 合理拆解任务和目标：以结果为导向，融合数据思维，借鉴历史经验或竞品数据，制定本周期可达成的细分目标。建立 OKR 业务指标用于量化管理，包括进度管理、质量管理和复盘管理，实现指标量化式推进业务。

❏ 惩罚和约束：通过制度管理和约束基层员工，执行上没有错误就不处罚。中层负责人的绩效与项目产出挂钩，职能没有到位须处罚，逐步加码。对高层管理者提前设定好不达标的处罚措施。

❏ 科学的过程管理：重点关注当前阶段目标与预定目标的差异点和差异程度，分析导致差异产生的关键过程，在后期修正过程中，目标的调整需符合市场变化。

❏ 复盘与对比：定期开展复盘总结活动，分析预期目标和实际业务差距，并结合实际情况借鉴行业的先进经验、创新举措和外部最佳实践经验，以制定更优的业务决策和实现更大的增长效益。

11.2.2 项目

为了成功开展项目，我们需要找到项目成功的关键要素，清楚定义不同类型项目取得成功的条件，注意对已有成功项目的模仿，以及明确不同阶段的指标及其合格、优秀的水平。

❏ 找到项目成功的关键要素：首先，梳理业务模型，找到链路中的核心关键因素，为确定方向打下基础。其次，找到匹配发展需求的综合能力人才，围绕项目的关键问题进行推进；最后，明确任务，定好目标，避免频繁更改近期目标。

❑ 清楚定义不同类型项目取得成功的条件：确定每个项目是属于长期型的战略项目还是短期型的战术项目。对于注重未来空间的长期型项目，需要确定好商业模式上的关键里程碑和阶段目标。对于短期型项目，需要明确项目定位是快速盈利还是堆积流量池，保证商业利益可预期，快速跟进并投入应用。

❑ 注意对已有成功项目的模仿：模仿和借鉴市面上已有的规模项目，但需要确定模仿范围，以及哪些模块或功能需要舍弃。新项目参照竞品进行产品设计时，商业逻辑要具备核心竞争力，而不是简单拼凑。同时，结合手中资源，规避短处，少走弯路。

❑ 明确不同阶段的指标及其合格、优秀的水平：依据业务商业模式所处的不同阶段，关注不同的目标指标和过程指标，并量化需要达到的水平。在项目启动阶段，重点关注基础运营指标，比如新用户的留存率；在项目成长阶段，关注经营指标，比如现金收支和 ROI；在项目增长阶段，关注商业模式跑通后的规模指标，比如增长率、用户规模和营收规模等。

11.2.3 人与团队

人与团队在业务发展和项目推进中起着非常重要的作用。只有明确负责人所需具备的素质，建设良好的评审机制，提升团队效率，提升管理决策者和执行人员技能等，才能够保障业务组织的工作效率。

1. 明确负责人所需具备的素质

明确各方向负责人所需具备的素质，比如理解战略、懂业务、认可项目前景、具备管理能力、执行力强、富有凝聚力等。一个优秀的操盘手需要具备多种业务能力，包括产品运营、数据分析等，需要很强的商业思维和用户思维，能够理解用户、洞察市场需求。

2. 建设良好的评审机制

在选用人方面，建设良好的评审机制，包括自荐和推荐机制。在项目推进过程中，对负责人进行分阶段的评估、评定成绩，搭建项目团队成员和职能监管部门对业务负责人的评价辅助机制。

3. 提升团队效率

确保团队充满创业激情，强调结果产出，减少沟通成本，降低返工概率。采用小而精的团队作战，保持战斗力。

4. 提升管理决策者和执行人员技能

培训、交叉负责、扩大学习边界，使决策者具备匹配业务所需的复合技能。引导所有团队成员处事观念达成一致，提升团队成员的自驱力，提高团队人员的数据思维和理解数据的深度。赋能决策者和团队成员更实用的分析技能，帮助他们依据定量及定性信息，利用数据分析技巧及优秀的判断能力，在全新场景或复杂场景中快速、有效地解决问题。

11.2.4 文化

文化是业务组织战斗力的催化剂。良好的文化信念能够帮助团队更好的融合、业务更快的发展。

1. 鼓励信息透明、促进坦诚沟通

公开团队中各部门和成员的 OKR，充分沟通问题，及时进行一对一的沟通和疏导，坦诚面对发生的问题和困难，不掩盖和掩饰。

2. 创造公平的文化、处处存在信任感

保持业务组织结构灵活，弱化层级，营造畅所欲言的氛围。以达成整体目标为出发点，成员之间擅于倾听，同时表达自己的想法，让信息有效传递，确保达成共识。针对推进业务发展进程中出现的问题和变化，积极协调冲突并包容，营造良好的交流氛围。

3. 倡导学习氛围

在组织中营造开放的学习氛围，业务组织的所有人员需要保持学习的心态和成长的意愿，决策者和管理者也需要对前沿信息和知识保持高度敏感。提倡持续学习并应用到业务发展中，创造性地解决业务问题。

数据引擎

在产品上线后，组织需要通过数据分析来驱动各业务模块优化。通畅高效的数据工作流程需要相对完善的数据引擎。适配业务的用户增长模型、核心指标体系能够完整地反映业务链路。这些业务链路的数据通常展示在 BI 报表系统上。不论 BI 报表还是数据监测，都依赖数据埋点采集系统。用户画像系统是理解用户的关键，AB 实验系统帮助产品优化时进行策略验证和快速迭代。

以上所有模型和系统是数据引擎的重要组成部分，是赋能业务突破 PMF 的关键基础设施。

12.1　用户增长模型

经典的用户增长模型如图 12-1 所示，通常被称为 AARRR 模型。虽然它也像某种角度上的漏斗，但更多是表征了一条完整的用户增长链路。

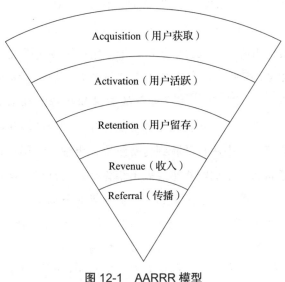

图 12-1　AARRR 模型

用户获取的途径包括外部营销推广（外拉新）、内部用户邀请裂变（内拉新）等，目的是从多种渠道低成本扩大用户规模。

用户活跃包含用户激活和提升活跃度的概念。在新用户下载产品之后，我们需要尽可能地提升用户的激活转化率和日常活跃度。常见的连续签到奖励、日常任务奖励和优惠券等都是激发用户活跃的手段。在内容产品、社区产品和社交产品中，我们也可以推荐更新用户感兴趣的内容、好友互动等方式刺激用户活跃。

用户留存代表用户黏性，包括新用户的留存率、老用户的召回率等。产品体验好、内容有趣、玩法新颖等都可以提升用户留存率。

用户的活跃和留存会带来收入。免费产品的收入来自用户点击广告，付费产品的收入来自用户充值付费、下单购买等行为。提升变现水平、增加收入能为商业扩张奠定基础。

传播来自用户的主动分享推荐，也来自邀请红包、收徒奖励等裂变激励措施。病毒式传播可以带来用户爆发式增长。

AARRR 模型对应的完整用户链路中涉及的重要转化漏斗如表 12-1 所示。实际上，很多业务的关键漏斗链路基本类似。业务场景中每一步关键转化漏斗都可能存在更细分的转化链路。比如，在电商业务中用户活跃到付费阶段，更细分的用户行为链路包括浏览商品、添加购物车、点击结算、提交订单、选择支付方式、支付完成等。对于医美和二手交易等业务场景，咨询行为存在线上咨询和线下咨询。比如，在二手车产品咨询到付费过程中，更细分的用户行为链路包括线上填写表单信息、销售顾问电话联系顾客、预约看车、现场看车、定金支付等。对于整个漏斗链路，不论关键大模块的转化还是每个关键模块下更细分的转化，均需要搭建完善的核心指标体系。利用适配的数据指标反映业务情况和变化趋势，从而更好地赋能业务增长。

表 12-1　转化漏斗

场景	用户漏斗	说明
广告营销	曝光→点击→转化（包括下载、咨询、注册、购买等转化行为）	外部推广时的用户获取、内部嵌入广告的变现
免费产品	下载→激活→留存 / 活跃→广告收入	依靠广告变现

（续）

场景	用户漏斗	说明
付费产品	下载→激活/注册→留存/活跃→付费	游戏、教育
	下载→激活/注册→留存/活跃→下单购买	在线电商
	下载→激活/注册→留存/活跃→咨询→线下服务付费	医美、二手车、二手房
金融产品	下载→激活/注册→留存/活跃→借款	网络借贷
	下载→激活/注册→留存/活跃→投资	理财、元宇宙艺术品购买
分享邀请	分享链接→链接被打开→徒弟激活→绑定师徒关系	传播、裂变

12.2 核心指标体系

对用户增长模型逐级向下拆解，反映业务规模、用户行为、成本收入等方面的核心指标显而易见。如表 12-2 所示，核心指标及衍生的各维度细分指标通常展示在 BI 报表监测系统上，一般依据业务模块或者部门角色进行看板展示。

表 12-2 核心指标

类别	模块	细分指标
用户获取、用户激活	流量规模	PV、UV、下载量、DNU
	流量转化	激活转化率、注册转化率
	流量质量	页面跳出率、活跃度、留存
	流量成本	推广成本 CPM、CPC、CPA、CPS 等
用户留存	新用户留存	次日留存、7 日后留存、30 日后留存、周/月留存
	老用户留存	回访率、活跃留存

（续）

类别	模块	细分指标
用户活跃	活跃规模	DAU、MAU、平均同时在线人数（Average Concurrent User，ACU）、最高同时在线人数（Peak Concurrent User，PCU）
	活跃度	平均访问时长、日均访问频次、页面访问深度
	内容互动	人均阅读时长、播放时长、播放进度分布、点赞收藏量和占比
	流量维持	ACPU、虚拟金币成本、账面总成本、申请提现率、提现率、平均提现金额
	转化	关键行为的转化率、支付用户数、支付成功率、付费率、复购率、续费率
	流失	周流失率、月流失率、用户生命周期
收入	广告变现	区分广告类型和位置的广告点击率、CPM、ARPU
	支付交易	GMV、支付金额、订单量、销量、"大R"占比
	充值付费价格	ARPU、ARPPU、客单价、订单均价
	付费标的	SPU、SKU、道具数量和等级、动销率、会员等级
	盈利	LTV、ROI、分成比、营收收入、毛利、利润、利润率
传播	分享	分享率、转发率、分享链接打开率、人均分享次数、转化率
	裂变	推广员数量和占比、徒弟数量和占比、平均徒弟数、K系数

在市场推广过程中，推广文案和素材对产品的下载、激活转化率有很大影响，因此推广素材经常更迭。不同渠道来源的流量质量和流量成本存在较大差别，应用商店、公众号、信息流推广、第三方合作换量、线下地推等渠道的数据分析尤为重要，推广预算通常会向获客成本低且新增规模大的渠道倾斜。

每个核心指标都存在很多优化提升的方式和方法。例如，优化产品的注册流程可以提升注册转化率；提供优质原创内容是提升内容型产品用户留存率和活跃度的方式；为"大 R"提供专属客服等运营手段可以提升"大 R"占比和付费金额；在用户使用体验最好、感受最深的时候增加分享引导，能够有效提升用户分享率；加大用户的裂变奖励会提升推广员占比和平均徒弟数，K 系数也会升高。

在设计数据指标和应用时，我们需要考虑不同业务的差异。免费产品和付费产品的收入来源不同，因此它们所依赖的核心指标也可能存在差异。即使指标相同，底层计算逻辑也不尽相同。例如，对于免费产品来说，ARPU 更多表明用户在使用产品过程中广告对用户的吸引力，也就是特定广告位置或广告内容的点击率；而在付费产品中，ARPU 代表了用户对产品服务的认可度。

核心指标体系为业务在用户增长、留存活跃、分享裂变、成本收入、现金流，以及更细分的维度上提供了分析方向，有助于围绕拉新、留存、促活、转化、提升 ROI 和收入规模等方面展开精细化运营迭代，使新项目尽快达到 PMF 状态，或让成长型项目增长更快。

12.3 用户画像系统

精准的用户画像能够帮助市场推广人员锁定目标群体，实现精准获客，从而提升 ROI。同时，产品设计优化和精细化运营都离不开用户画像。用户画像系统的表现形式通常为 CRM 系统或者 BI 数据统计系统。用户画像系统可以生产出用户标签体系。该标签体系通常是分层、分类、分级的树状结构。用户画像标签体系的构建流程如图 12-2 所示，可从多种基础数据的融合处理中依次抽取事实标签、模型标签和业务标签。基于定性定量的用户画像业务标签可以应用于业务中。针对用户画像标签，我们还需要建立有效的管理机制，比如周期性的更新和维护、删除无价值的标签等。

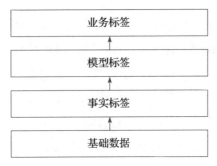

图 12-2　用户画像标签体系的构建流程

图 12-2 中的基础数据主要包括业务内外的源数据，例如客户端采集的设备信息、服务端采集的用户账户数据、运营数据、交易数据、用户授权的数据以及第三方的公开数据等。

事实标签是通过基础数据处理获得的，主要包括用户的浏览和点击数据、咨询情况和购买数据等。

模型标签是利用自动分类或机器学习算法训练等获得的用户特征，包括用户消费偏好、消费能力档次、所处群体属性和内容点击概率等。

业务标签是直接提供给业务人员使用的标签数据，包括用户状态、用户流失倾向、用户活跃度和用户价值层次等，定量上可以是单维度或组合维度的统计分析数值，定性上可以是单维度或组合维度的分群分类。在业务应用上，用户画像的业务标签可以用于冷启动时推广渠道的种子用户匹配、活动运营时的精准营销，为用户的拉新、留存和促活跃提供支持，降低用户流失率。

12.4　数据埋点采集系统

无论构建用户画像系统还是对用户行为进行全面深度的定制化分析，都离不开数据埋点采集系统。对于小型轻度互联网产品，通常使用第三方数据埋点采集解决方案，然而标准化的方案一般较难满足个性化的业务场景需求。无论采用何种解决方案，数据埋点采集系统都是数据引擎中不可或缺的关键设施，特别是对于日活规模较大的移动端业务，只有通过在移动端埋点采集用户行为数据，才能进行全面的用户行为分析，包括用户行为序列分析、页面访问路径分析、用户留存分析等。

数据埋点采集系统支持根据 App 交互功能提供灵活的定制化埋点服务，形成高效、准确、便利的源数据埋点结构。同时，操作界面也需要方便进行数据查询、清洗和使用，帮助上层应用做多维度、深层次的数据分析。

数据埋点采集系统通常包括 4 个模块（或工作流程）：埋点上报 SDK/API、业务埋点、大数据接收处理、可视化。

埋点上报 SDK/API 模块的作用在于通用埋点构建、公共参数配置、事件采集、事件上报等。业务埋点模块是基于埋点上报 SDK/API，指定符合业务逻辑的埋点触发事件并插入埋点代码，当符合条件的事件触发时，埋点上报 SDK/API 会上报到系统后端。大数据接收处理模块的主要作用是接收上报的埋点事件数据、日志和解析入库数据。可视化模块支持用户自定义的事件数据查询和基础分析操作，通常连接在 BI 报表或用户画像系统上。用户行为事件埋点上报受到客户端设备、用户操作、服务端网络、资源占用等多方面的影响，可能会造成上报数据异常。因此，埋点数据需要进行自动化查验，以保障埋点数据的质量。

对于一套支撑多业务类型的高并发通用数据埋点采集系统，技术上需要支持多平台、T+0 实时计算和 T+1 离线计算；业务应用上需要灵活支持不同项目、不同业务场景的复杂逻辑数据采集，例如在内容型产品中，阅读、点击、播放、转发等事件的类型需要细分，还有信息流广告的曝光、点击等也需要进行区分。数据埋点采集系统提供准确、可靠的埋点数据源，满足了用户行为及需求分析，支持精细化用户运营，并为上层数据应用提供持续价值。

12.5　AB 实验系统

AB 实验系统可以支持用户增长、营销获客、产品优化等方面的实验想法，并能够快速准确地评估策略效果。Eric Ries 在《精益创业》中提到，"科学方法的核心在于，认识到虽然人的判断也许有缺陷，但是我们可以把理论付诸反复的测试"。AB 实验的应用流程如图 12-3 所示，主要包括确定目标、提出假设、实验设计、数据采集和数据分析 5 个步骤。例如，设计一个推荐优化的 AB 实验，目标确定为提升首

图 12-3　AB 实验的应用流程

页的广告变现水平，提出假设为增加某类别短视频内容的推荐比例。

在实验设计时，制定实验组和对照组，对照组保持原有的推荐逻辑，实验组增加一定比例的新类目内容给用户，同时将一定比例的流量进行分流，选择合适的分流时机和用户群进行实验。在实验过程中，持续采集数据并进行实验数据处理，最后进行数据分析，得出结论并确定结果的置信度。策略优化时，依据PDCA（Plan-Do-Check-Act，计划—实施—检查—处理）环路来持续迭代 AB 实验流程。

AB 实验系统主要包括 AB 实验控制台、分流服务、AB 实验SDK 接口和 AB 数据展示平台等。在 AB 实验控制台上，我们可以提交实验计划、配置相关参数。AB 实验 SDK 接口嵌入产品内部模块，以启动执行逻辑、监测数据和数据上报等功能。AB 数据展示平台用于展示统计数据和自动化的指标评估结果。AB 实验系统通常与产品的业务逻辑嵌套较深，在设计实验时需要仔细考虑其影响。

AB 实验系统中的分流服务至关重要。分流服务主要负责流量的分配，以确保实验组和对照组的数据结果可靠。分流逻辑是同层互斥、实验正交和风险规避。图 12-4 是业内通用的分流示意图，其中包括 2 层流量分配。在第 1 层中，用户流量分配给实验 1、实验 2 和实验 3，分别占 20%、30% 和 50%。因为这三个实验的验证目标和过程相互独立，互不影响，所以可以放在同一层流量进行。在第 2 层中，用户流量的 33% 和 67% 分别分配给实验 4 和实验 5。通过这样的逻辑，我们就可以同时进行许多组互不干扰的实验，快速评估业务策略的效果。

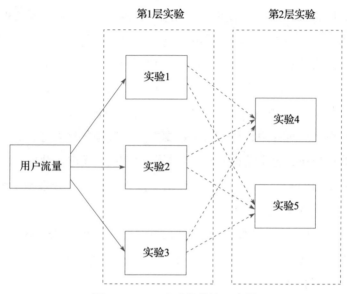

图 12-4　AB 实验的分流示意图

在进行 AB 实验时，我们需要注意分流时机和分流时间，每个实验都有相应的分流时机。AB 实验的结果包括目标指标的变化程度和置信区间。置信区间通常是在 –95% 概率下的区间上下限数值。由于存在 PV、UV 等访问量差异，实验结果最终通过假设检验的 P-value 来评估策略是否存在显著改进。

13

增长获客的关键点分析

无论采用何种形式的增长获客手段或方法，如第三方平台推广、引导用户分享、搜索引擎优化（Search Engine Optimization，SEO）、应用商店优化（App Store Optimization，ASO）、地推、内容营销、自媒体或关键意见领袖（Key Opinion Leader，KOL）传播等，本质上都是希望以低成本实现高质量用户增长。

通常在产品还未达到精益创业的 PMF 时，用户增长工作不会立即开展，需要通过营销获取小规模的种子用户或少量用户来验证产品的留存。增长获客需要在不断迭代的过程中进行精细化优化，因此数据引擎在评估用户规模、获客质量、渠道 ROI 等方面是必不可少的。任何一个关键细节的优化和改变都会给用户增长带来巨大影响。

13.1 增长曲线

常见的增长曲线主要有 J 形和 S 形两种，如图 13-1 所示。J 形增长曲线代表指数型增长，在临界点（Critical Point，CP）之前，不论 J 形还是 S 形增长曲线，产品处于打磨期，还未达到 PMF 状态，此时增长缓慢，获客主要为了 MVP 版本的持续迭代。临界点过后，J 形曲线增长率增大，用户规模迅猛扩大。J 形曲线对应的典型产品主要包括熟人社交或协作办公类软件，这类产品的新用户受到老用户的影响，会主动使用与周边人相同的产品。随着资源消耗和边际效应递减，很多产品的用户快速增长无法持续，增长速度降低，用户规模逐步饱和，呈 S 形曲线。

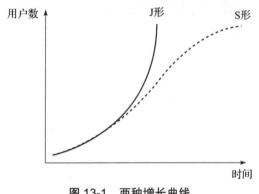

图 13-1　两种增长曲线

用户增长具有飞轮效应，不论何种增长曲线，在增长至天花板之前，用户规模呈指数增长或线性增长都有可能。增长曲线的初期属于精益创业的"0 ～ 1"阶段，增长曲线的后期是"1 ～ 100"阶段。在精益创业的"0 ～ 1"阶段，不要过多考虑用户增长前置。开启创新业务时，决策者和创业者需要了解该业务的市场机会对用户增长的影响。对于 S 形增长曲线对应的产品，在达到用户规模极限之前，考虑突破增长天花板的战略，比如更多的增值服务、更广的用户受众等。

当然，用户规模与获客成本息息相关。创业者都希望利用一些另辟蹊径的增长黑客（Growth Hacking）方法实现低成本的产品曝光，赢得超级 ROI。比如优质创意、技术算法、吸引用户心智或用户主动裂变等可以实现获客，但产品只有具备"天时"（市场环境）、"地利"（产品）、"人和"（用户认可），才能确保增长曲线稳健上升。

13.2　导量预估

每日导入一定数量的新增用户，随着用户的持续累积，产品的 DAU 也会逐步走高。比如某产品的用户生命周期为 30 天，那么可以认为最早一天导入的新用户，在第 30 日后已经流失，产品的 DAU 为前 30 天的不同批次新用户的分批留存的累积。若每日新增用户数量变化不大且基本稳定，那么当达到用户生命周期后，DAU 也趋于稳定。

假设日均导量 μ 个新用户，用户生命周期 N 天，N 天后稳定期的 DAU 为：

$$DAU = \mu \times R\_cum_N$$

例如，某款产品的次留为 18%，用户生命周期为 30 天，R_cum_{30} 为 2.3。若连续 30 天日均导量新用户 1 万，DAU 变化曲线如图 13-2 所示，横轴为时间（天），纵轴为 DAU，最终稳定期 DAU 在 23 000 左右。

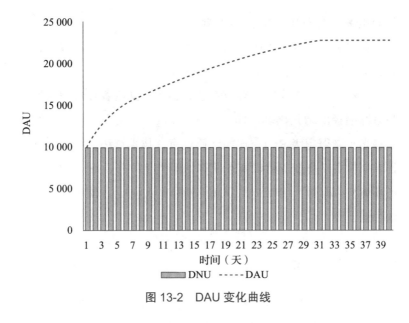

图 13-2　DAU 变化曲线

上述逻辑为通过新增去预估后期的日活，其实也可以反过来应用。例如，产品需要在一个月后达到日活目标，则可以计算出从现在开始，日均需要导入多少新增用户才能实现该目标。假设 30 天后需要达到 100 万日活，如果产品的 R _ cum_{30} 等于 5，那么在不考虑当前已有日活的情况下，日均需要导入 20 万个新用户才能达标。

13.3　裂变效率提升

在某款移动应用中，我们发现推广员注册当天或第二天分享邀请到徒弟的累计占比达到了 72.3%，同时一周内收徒的累计占比超过了 80%。由于不同徒弟的注册时间不一样，那么通过分享裂变带来徒弟的时间差特征比较明显。为了提升裂变效果，我们通常会采用加大对推广员的拉新奖励、增加收徒排行榜冲榜奖励等方法。但是，这些方法并不能明确保障裂变效率。因此，我们可采用基于收徒时间差特征的裂变加速策略，例如限时邀请或限时激励增加等方法，以刺激新用户加快裂变、缩短裂变周期，对同期增长产生正向贡献。

　　某产品使用裂变加速策略后，师徒注册的平均时间周期从1.9 天缩短至 1.67 天，相当于裂变效率提升了 12.1%。应用裂变加速策略前后，依据收徒时间（天数）差的徒弟占比分布比较如图 13-3 所示。可以发现，原本收徒较慢，采用裂变加速策略后时间差大于 2 天的收徒行为向前移动了，相当于 2 天之内就完成了大部分收徒行为，有效提升了裂变效率。

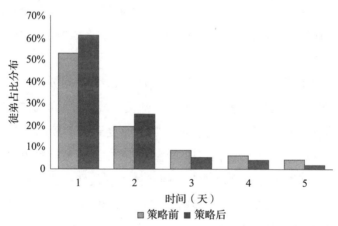

图 13-3　采用策略前后依据收徒时间差的徒弟占比分布比较

13.4　裂变奖励的"微笑曲线"

　　用户邀请好友的裂变奖励通常会分多次发放。当裂变带来的新用户行为满足一个条件时，就会给其师父发放一次奖励，直到所有条件都满足，裂变奖励才会全部发放完毕。该规则的目的如下。

❑ 确保裂变带来的徒弟是真实用户，可以产生真实的活跃行为。

❑ 刺激师父回访活跃。

用户裂变的奖励一般会在一段时间内发放完，比如一周。通常设置发放条件为徒弟每日登录。徒弟在注册后一周内每天都登录，则一周内平台每天都会向师父发放奖励，即裂变奖励分 7 天发放。

奖励的发放总额已定，若奖励发放曲线为连续上涨或者连续下降，对整个产品生态的激励效果相对有限。如果把奖励的大部分放在发放时间周期的前面，那么师父很可能在拿到大部分奖励后就失去继续刺激徒弟活跃的动力；如果把奖励的大部分放在发放时间周期的后面，那么师父不能马上获得较大激励，对提升裂变效果也不利。

常见的做法是将裂变奖励在发放时间周期内均分，比如 7 天的周期，那么徒弟每登录一天就向师父发放总奖励的 1/7。这种发放规则相对平衡，但是较难让师父感受到大奖励的刺激。因此，在师父拉新时，我们可以调整师父的奖励发放逻辑为"微笑曲线"，即第 1 天的奖励最大，师父体验感较好，随后衰减一定程度。当师父丧失一点兴趣时，发现最后的几天还有大部分奖励，会刺激后期的留存。

一种微笑曲线如图 13-4 所示，横轴为时间（天），纵轴为奖励发放占比。一些产品的 AB 实验表明，在对应的奖励发放时间周期内，采用微笑曲线的用户留存率比平均发放的用户留存率最高可以提升 40%。

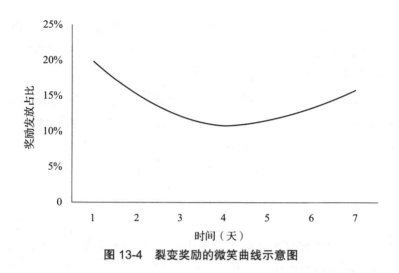

图 13-4　裂变奖励的微笑曲线示意图

13.5　基于关键行为的营销获客

转化漏斗中的激活、注册、咨询、留存和付费都是关键节点，常用于营销推广的买量获客。在第三方广告联盟平台，转化漏斗中的关键节点也可作为广告投放时可以选择的获客目标关键行为。对于移动端，激活是前置的行为，也就是用户下载、安装软件后打开，通常将激活作为其获客目标行为。由于部分激活用户流失较快或贡献的价值很低，因此仅考虑激活作为移动端获客目标关键行为，虽然获客规模很大，但大量的推广是无效或者低转化的。营销获客的关键行为一般也会指向用户链路后面的关键节点，比如免费产品的次日留存、付费产品的支付行为。

需要注意的是，对于后置的获客目标关键行为，能获取的用户较少，这主要是广告投放时用户定向条件限制和与第一层级关键行为（激活）存在较大时间延迟共同导致的。在选择哪个关键行为作为营销获客的转化目标关键行为时，我们需要结合业务属性，通过对用户关键行为的组合进行深入分析，提炼出既能够不过分降低获客规模，又能够保持 ROI 和利润最大化的方案。

例如，某款聚合短视频 App 采用激活、次日留存和累计观看 5min 作为关键行为进行营销获客。表 13-1 显示了相关对比结果。产品的次日留存率为 30%，相当于次日留存这个关键行为对于激活的转化率是 30%，那么在设置目标获客成本时，就对应了3.33 元。虽然通过次日留存关键行为进行获客，转化率会有所提高，人均贡献利润最大，但获客链路前端的 DNU 规模会大大减小。这就会导致获客量较低，不利于 DAU 规模的维持，该批次用户贡献的利润的绝对值也会减小。

表 13-1　三种关键行为进行营销获客的数据对比

指标数据	激活	次日留存	累计观看 5min
日均 DNU（激活）（万）	10	3	7
其中关键行为对应的获客量（万）	10	1	3
关键行为对应的获客成本（元）	1.0	3.33	2.0
该批次 DNU 人均贡献利润（元）	0.2	0.4	0.3
该批次用户贡献的利润（元）	20 000	12 000	21 000

从表 13-1 中也可以看出，使用累计观看 5min 作为营销获客的目标关键行为，能够减少一些转化价值较低的新用户，还能带来利润最大化。

13.6　渠道质量分析

不同渠道的用户质量存在差异。部分渠道的获客规模较大，转化率却很低。通常，我们可以结合流量规模与转化率建立波士顿矩阵来对渠道进行分类。渠道区域类别及对应特点和策略如表 13-2 所示。

表 13-2　渠道区域类别及对应特点和策略

区域类别	特点	策略
第一象限	流量规模大、质量高	保持和增加预算
第二象限	流量规模大、质量低	提升用户质量
第三象限	流量规模小、质量低	调整或关停
第四象限	流量规模小、质量高	增加预算，逐步放开用户定向的条件限制

某款付费工具的分渠道数据如表 13-3 所示。渠道 E 和渠道 H 的获客数量多，且付费转化率较高，属于第一象限，可以继续保持并增加预算。依据表 13-3 中付费用户的 CPA 数据，渠道 E 和渠道 H 的付费用户获客成本差不多，付费用户数量也多，说明这两个渠道的获客成本可作为当前市场环境下该类产品买量获客的参考线。

表 13-3　某款付费工具的分渠道数据

渠道编号	新增获客数量	付费用户数	CPA（元）	付费转化率
A	50 412	353	39.5	0.7%
B	2 315	2	51.7	0.09%
C	1 591	108	15.2	6.8%
D	637	7	18.9	1.1%
E	103 912	3 740	25.0	3.6%
F	1 477	13	34.8	0.9%
G	143 201	72	42.6	0.05%
H	61 205	1 407	23.1	2.3%

渠道 A 和渠道 G 虽然获客数量多，但是付费转化率很低，用

户质量差，属于第二象限，因此需要依据目标用户画像进行精准投放，提升用户质量。随着投放越来越精准，这类渠道的付费用户的获客成本还有进一步下降的空间。

渠道 B、渠道 D 和渠道 F 的获客数量少，且转化率低，属于第三象限。如果继续优化调整后，效果无法提升则可考虑关停。渠道 D 的获客成本较低，低于上述所说的参考线，即使付费用户数量较少，也可以不用立马关停，转为继续监测。

渠道 C 的转化率很高，但是获客数量很少，可以增加预算，逐步放开用户定向的条件限制，往第一象限调整，只要控制好付费用户的获客成本即可。通过渠道配置策略调整和用户质量优化，我们能够最大限度提升渠道投放效果。

13.7　渠道投放的线性规划模型

在实现用户增长时，我们通常可考虑一些细分渠道。这些渠道的获客成本、获客质量和最大获客量不尽相同。在总推广预算一定的情况下，我们希望在 DAU 达标的情况下，最大化业务的总利润或综合 ROI。

这其实是一个条件约束问题。在市场推广成本有限的情况下，希望对每个渠道的投放预算进行合理的分配。这样推广一段时间后，在 DAU 达到一定规模的同时，最大化整个业务所有渠道的 ROI。

这种问题就是典型的线性规划问题，可以通过线性规划模型进行解决。线性规划（Linear Programming，LP）是运筹学中应用广泛的成熟方法。它是研究线性约束条件下线性目标函数的数学方法，经常用于解决实践中碰到的在有限资源下最大化经济效益的问题。若是目标函数与变量的关系并不是线性的，那么我们可以采用非线性规划模型。表 13-4 为线性规划模型的变量定义。

表 13-4 线性规划模型的变量定义

指标	变量
第 i 个细分渠道的推广预算	x_i
第 i 个细分渠道的获客成本和 ROI	CPA_i、ROI_i
第 i 个细分渠道的新增获客量 DNU	x_i / CPA_i
第 i 个细分渠道的对应的 DAU	DAU_i

DAU_i 变化虽然是 DNU 带来的，但本质是所投入的推广预算带来的，所以日活也是推广预算的关系函数。该函数关系简化表征如下：

$$DAU_i = f(x_i / CPA_i)$$

比如，某产品要求推广预算为 C 元，日活达到 D 时，需要最大化所有细分渠道的综合 ROI，因此，线性规划模型的约束条件如下：

$$\sum_i x_i = C$$

$$\sum_i f(x_i / CPA_i) \geqslant D$$

对应的线性规划模型如下：

$$\max\left(\sum_i \frac{x_i \times ROI_i}{C}\right)$$

由于变量 ROI_i 已知，因此利用线性规划模型可获得最合理的各细分渠道的推广预算。需要注意的是，投入的推广预算不是固定值，可能就变成了非线性规划。在业务应用中，我们可以建立实时监测数据系统，也可以依据模型结果进行实时调整，评估哪些渠道需要扩量、缩量或暂停投放。

13.8 获客渠道归因分析

在营销获客中，归因是指将用户来源归到正确的渠道，以便正确评估渠道效果（包括渠道的获客规模、获客质量和 ROI 等），为制定高效、合理的渠道推广策略提供依据。在市场推广时，我们即使会给每个渠道使用不同的编号或安装包标识，但仍需要进行归因分析。这是因为对于 App 安装，手机厂商或应用商店可能存在"劫持"，而且用户可能会受到不同渠道的影响。当用户交互过不同渠道最终下载 App 时，我们需要通过归因分析准确计算出各渠道对 App 获客的贡献度。

常用的归因分析模型有 5 种，如表 13-5 所示。在应用归因分析模型之前，我们需要明确业务所对应的转化目标以及归因分析模型使用的关键行为。

表 13-5 常用的归因分析模型

归因分析模型	原理说明
首次触点归因	即使后续有其他渠道触达，但仅归因到第一次触达用户的渠道
末次触点归因	将转化贡献归于与用户进行最后一次交互的渠道
线性归因	将转化贡献平均地归于用户交互过的各个渠道
时间衰减归因	转化贡献按用户交互渠道的时间顺序分配，距离用户转化的时间越近，权重就越高
位置归因模型	综合考虑了首次触点归因、末次触点归因和中间过程触点的线性归因，权重不一

对于移动应用的营销获客，转化目标为激活。对于医美或教育行业，转化目标通常为咨询或表单填写等销售线索。确定归因分析的关键行为（比如曝光或点击）也很重要。对于移动应用信息流推广，我们通常使用广告点击作为归因分析的关键行为。对于单个渠道，我们一般使用末次触点归因模型进行归因分析。对于信息流推广，第三方广告投放渠道一般都可以回传曝光或点击数据。结合业务属性和不同渠道信息，采用合理的归因分析模型，我们可以准确地评估和比较各渠道的 ROI。

在进行归因分析时，用户的触点行为到转化通常存在时间差，因此需要合理设定归因时间窗口（也称为归因周期）。对于信息流广告投放获客，通常归因时间窗口为 1 周，即仅匹配归因操作时前一周内的点击数据。对于临时活动，依据业务属性，归因时间窗口为 1 ～ 3 天。若归因时间窗口过短，可能会将渠道用户错误地归为自然新增用户，从而影响渠道评价。

在进行获客归因分析时，我们通常可依据设备信息进行匹配。例如，安卓移动应用通常采用 IMEI、UUID、AndoridID、MAC、IP+UA（User-Agent）等设备参数的组合作为特征信息进行匹配。

归因分析方法常用于精细化运营中分析用户行为路径在不同页面的转化贡献。例如，当用户产生了支付购买行为时，我们可通过归因分析方法来评估各页面的贡献度和重要性。

14

用户层面的深度分析

用户分析的主要目的是评估用户，包括购买力、忠诚度、行为、兴趣和需求。进行用户分析前，要理解"5W2H"，即认识用户想要什么（What）、为什么用户这样思考（Why）、产品在哪里可以满足用户需求（Where）、何时实施和呈现给用户（When）、产品可以针对哪些用户实施策略（Who）、产品应采用何种形式呈现（How）、投入的成本和期望产出是多少（How much）。

用户分析中常用的金字塔模型反映了业务链路，诸如"下载—注册—下单—购买"业务链路，其实类似于转化漏斗。依据用户消费金额量级对用户进行分层，其实也是一种金字塔模型，只是维度更细分一些。

用户分析的重点是理解用户的价值。用户对产品的价值贡献并不服从正态分布。通常情况下，少数的大客户贡献了绝大部分营收，这也是"二八法则"的含义。"二八法则"常用于在业务管理和规划中找关键因素，比如找到贡献了 80% 营收的头部用户和贡献了 20% 营收的尾部用户，区分这两类用户群体的特征，制定不同的资源投入和维系策略。

在营销方面，通常 80% 的客户来自同一渠道，当前 80% 的获客渠道会在渠道生命周期末尾 20% 的时间内快速衰减。"二八法则"相对粗放，针对用户的不同维度进行深入分析和建模，才能实现精细化运营，提升用户价值。

从营销获客到产品运营再到商业变现，全链路都是围绕用户进行的，用户分析是关键。对用户进行全面分析，可以理解并满足用户的核心需求和延伸需求，找到能够激励用户的关键因素，培养用户的忠诚度和消费习惯，提升用户留存率，促进用户活跃和转化。

14.1 用户价值分类模型

通过对用户进行分类，我们可以确定采用哪种运营策略或营销策略。分类的主要依据是用户的综合价值，即综合用户的购买力、用户的活跃度等因素。这里使用的用户价值分类模型通常被称为 RFM 模型，常用于电商等用户付费业务。

❑ R（Recency）指最近一次消费时间间隔，比如 30 天。

❑ F（Frequency）指一段时间内的消费次数，代表频度[⊖]。

❑ M（Monetary）指一段时间内的消费金额，代表额度。

⊖ 频度是行业专用词，可以理解为频率的维度或状态。

R 值越小表明用户活跃度越高；R 值过大表明用户已经很久没有来消费，活跃度低，可能已经是流失用户。F 值越大表明用户消费意愿越高，活跃度和忠诚度越高；F 值越小表明用户活跃度越低，可能会流失。M 值越大表明用户消费多，用户价值越高；M 值越小表明用户购买力或购买欲望越低。

根据 RMF 模型中的单个维度，我们可以制定相关业务优化策略。例如，当用户的 R 值超过一定限度时，可以制定唤醒机制，通过电话回访、短信营销等方式尽可能多地召回老用户。具体应该设定 R 值阈值是多少，需要根据业务属性考虑，同时结合用户的流失分布。例如，网络游戏业务的充值或快消品的消费可以按照 30 天时间间隔考虑，服饰类电商业务按照 90 天时间间隔考虑，家电家具类消费一般按 1 年时间间隔考虑。如果用户在设定周期内没有充值或消费，则需要考虑是否对该用户进行唤醒。

仅依据 F 值和 M 值，我们可以使用波士顿矩阵对用户进行分类，如图 14-1 所示。

- ❑ 明星用户是贡献业务收入的"大 R"用户，需要设计专属 VIP 服务以维持其黏性。
- ❑ 金牛用户可以通过优惠券或营销活动刺激消费频率。
- ❑ 忠诚用户消费频次高，但是每次消费金额较小，是偏向下沉市场或消费力不大的用户，属于有潜力的用户群体。通过调研该用户群体，我们可以增加与该用户群体匹配的商品需求或衍生服务，以增加其消费金额，并引导该用户群体向明星用户转移。
- ❑ 普通用户获客成本高，同时该用户群体的贡献价值低，属于 ROI 低的用户群体，可以考虑在营销获客时定向排除该类用户。同时，对于普通用户，我们可以仔细分析用户画像，引导其中部分合适的用户向忠诚用户或金牛用户转移。

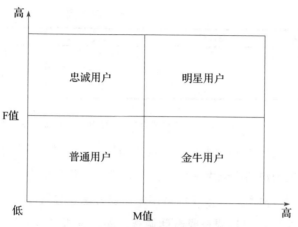

图 14-1 依据 F 值和 M 值的用户分类

综合 RMF 模型的 3 个维度，在每个维度上设定一个评估高低的阈值，就可以将用户定性地分成 8 类，如表 14-1 所示。

表 14-1 基于 RFM 模型的用户价值分类

用户分类	R	F	M
重要价值用户	高	高	高
一般价值用户	高	高	低
重要发展用户	高	低	高
一般发展用户	高	低	低
重要保持用户	低	高	高
一般保持用户	低	高	低
重要挽留用户	低	低	高
一般挽留用户	低	低	低

阈值的设定需要考虑各维度在不同行业或业务上的差别。若

每个维度仅分成高、低两段，通常采用平均值、中位数或众数作为阈值，比如某电商业务平台采用半年内存在消费的用户的RFM各维度的平均值作为阈值，如表 14-2 所示。

表 14-2　RFM 各维度阈值示例

维度	最小值	最大值	平均值
R	1 天	180 天	88.1 天
F	1 次	167 次	5.3 次
M	9.9 元	4 174.6 元	364.7 元

对 RFM 模型获得的 8 类用户进行精细化运营，针对不同类别的用户实施不同的策略。重要价值用户需要提供定制化服务；重要发展用户消费频度较低，需要刺激其活跃和复购，帮助其转移至重要价值用户；重要保持用户需要考虑唤醒召回；重要挽留用户需要进行问卷调查或电话调查，深入分析可能的流失原因，然后针对性地进行产品优化或实施挽回策略。

一些业务的用户链路较深，对每个维度仅考虑高、低两种差别可能无法区分用户间的差异，不能满足更精细化的用户分类。此时，我们可以对 RFM 模型的各维度进行更细化的分段评分，这样可以获得每个用户的 RFM 模型综合分值，最终依据综合分值或各维度分值的不同分段区间来定义用户类别。

对 R 维度的划分和评分示例如表 14-3 所示。单独就这一个维度来看，评分等于 1 的可以看作流失用户，评分等于 5 的可以看作活跃用户。

表 14-3　对 R 维度的划分和评分示例

区间	≤ 3 天	[4, 7]	[8, 14]	[15, 21]	[22, 30]	>30 天
评分	5	4	3	2	1	0

对于 M 维度，电商平台通常会按照季度或年消费总额将用户分成 5 ～ 10 个评分级别。通过深入分析不同级别用户的行为差异和需求，我们可以针对小额消费用户进行优惠促销，刺激中等消费用户升级消费，为大额消费用户提供增值服务。

根据业务类型，RFM 的各个维度都可以进行评分。综合分类后，针对不同类别的用户可以更好地进行运营策略调整，以促进用户活跃和付费。此外，通过循环打分，我们还可以观察每个用户得分的趋势。趋势上升说明用户价值在升高，趋势下降说明用户价值在降低。

使用机器学习等统计模型算法，例如聚类算法，我们可以对用户的多维度数据进行分类。这些算法的分类结果更精确，评估与量化更连续，但分类依据的可解释性较差，在运营策略实践中不易掌控，因此不经常使用。

除了电商或线下商超等消费类业务，RFM 模型可以用于多种业务类型，例如网络游戏和依靠广告变现的免费产品等。在游戏业务中，RFM 模型使用的关键行为是用户购买消费，实际上就是用户充值。在免费产品中，RFM 模型使用的关键行为是用户登录活跃和广告点击。例如，资讯内容产品的 R 值代表的维度是用户打开 App 的行为，F 值代表的维度是用户在一个月内启动 App 的有效活跃次数，这里的有效活跃通常对访问时长有要求。M 值代表的维度是用户查看和点击广告带来的营收，可以被用户在不同位置的广告点击率或转化率间接代替。因此，近期活跃频次高、有效使用时间长、经常点击各种广告的用户就是重要价值用户，我们需要重点关注该用户群体的体验和留存情况。

总体来说，我们在使用 RFM 模型时还需要避免不合理的场景，例如数据源有缺失或异常的场景，以及事件型场景，如节假日等周期事件、突发事件场景。我们可基于用户价值分类进行精细化运营，针对不同价值的用户采用不同的推广方式、营销策略和运营活动，最大化挖掘不同用户群体的价值增长点，帮助提高用户生命周期价值和提升业务 ROI。

14.2 用户营销分析模型

AIPL（Awareness-Interest-Purchase-Loyalty，感知—兴趣—购买—忠诚）模型作为经典的营销分析模型，常用于电商品牌或产品服务的消费链路分析。与 AIPL 模型类似的还有 AIDMA（Attention-Interest-Desire-Memory-Action，吸引注意—兴趣—欲望—记忆—行动）模型、AISAS（Attention-Interest-Search-Action-Share，吸引注意—兴趣—搜索—行动—分享）模型等。

本质上，AIPL 模型是一个漏斗模型。在电商业务中，AIPL 模型包含 4 个关键营销触达过程，分别是品牌曝光时看到和接触到品牌、对品牌产生兴趣、下单购买、产生复购及好评。从用户行为阶段看，Awareness（感知）阶段对应的是新用户，Interest（兴趣）阶段对应的是存在关键访问行为的用户，Purchase（购买）阶段对应的是成功支付的用户，Loyalty（忠诚）阶段对应的是经常复购的用户。AIPL 模型反映了用户对于一个品牌或者一个软件产品从陌生到了解，再到体验和使用，然后到成交和转化，最后成为忠实粉丝为产品传播正向能量的转变过程。

AIPL 模型最终指向的是用户的忠诚行为，适用于存在高频消费或者高频服务的业务。例如，购房和购车等低频服务，由于再次消费的周期很长，一般较少采用 AIPL 模型进行用户分析。

　　针对电商业务运用 AIPL 模型分析的过程中，每一步常用的触达行为如表 14-4 所示。其他付费产品所考虑的触达行为与之类似。在免费产品中，由于不存在购买行为，我们可以进行变通处理。例如，在移动资讯 App 中，点赞、评论、转发、阅读文章等可以看作用户对产品产生兴趣的表现。由于营收来自广告收入，阅读时长、留存、广告点击等关键行为可以表征购买，而连续活跃和互动情况则可以表征用户的忠诚。

表 14-4　AIPL 模型的常用触达行为

链路	触达行为
A（感知）	品牌广告、推广曝光、信息流栏位推荐、搜索置顶
I（兴趣）	点击浏览品牌（或商品、店铺）、参与互动、定向搜索、加入收藏（或购物车）、订阅关注、商品试用（或服务体验）
P（购买）	下单支付、购买成交、充值
L（忠诚）	复购、正面评价、办理会员、分享裂变、推荐给好友

　　基于 AIPL 模型，我们可以针对链路中每一层级的用户需求和薄弱流转环节，通过品牌升级、产品体验优化、营销活动等方式让用户流转到下一层。例如，如果感知阶段的用户数过少可能导致人群覆盖率低，需要进行推广拉新或品牌霸屏曝光。对于处于兴趣阶段的用户，我们可以通过优惠券、限时减免费用等方式刺激用户加快下单。对于非忠诚用户，我们需要投入更多的营销资源来提高转化。

　　表 14-5 列出了某电商品牌营销的 AIPL 模型数据和某款付费工具的 AIPL 模型数据。可以发现，某电商品牌营销业务的 A → I → P 链路的流转率尚可，但是从购买阶段到忠诚阶段的流

转率很低，这主要是复购较差和正面评价较少等因素所导致的。在这种情况下，我们需要为购买阶段的用户提供会员权益，同时优化商品组合，确保正向反馈。

表 14-5　某电商品牌营销的 AIPL 模型数据和某款付费
工具的 AIPL 模型数据

漏斗链路	某电商品牌营销		某款付费工具	
	用户数（万）	流转率	用户数（万）	流转率
A（感知）	105.2	—	110.3	—
I（兴趣）	30.8	29.3%	9.6	8.7%
P（购买）	11.9	38.6%	5.0	52.1%
L（忠诚）	0.7	5.9%	3.5	70.0%

通过表 14-5 中付费工具的 AIPL 各阶段数据可以看出，一旦用户付费，就很难流失，用户忠诚度很高。该付费工具的 A → I 链路转化较差，只有 8.7% 的用户感兴趣。这时需要调整推广渠道，以寻找精准目标用户，优化营销策略，开展用户教育工作，提高新用户对产品的认知水平。

在实践中，我们需要区分 AIPL 模型和 RFM 模型的应用目的与场景。RFM 模型基于用户的购买消费情况来确定用户价值并对其进行分类，以便针对不同的消费群体采用不同的维系策略。而 AIPL 模型更侧重于用户全链路营销和实现用户忠诚，相当于确保业务 ROI 跑通的前置分析模型。

14.3　用户忠诚度评估模型

AIPL 模型和 RFM 模型都提到了用户忠诚，都侧重于用户行为。但 AIPL 并没有对用户忠诚度进行量化。建立用户忠诚度评估模型，可以量化用户之间的忠诚度差异，实现更精细化的用户分层，方便进行灵活的运营策略优化。

用户忠诚度的评估需要基于某个关键行为，可以从单个或多个角度进行，例如用户的活跃度、访问时长、电商用户的重复购买频度、分享推荐次数等。我们可以从业务的关键行为角度去量化评估，也可以通过加权的方式去量化忠诚度。例如，某业务的关键行为是用户活跃，从用户活跃方面评估用户忠诚度还需要考虑活跃时间的远近，用户的活跃行为距离当前时间越近代表用户忠诚度越高，权重也越大。从当前向历史日期追溯，存在归一化权重系数的用户忠诚度 L 的计算逻辑为

$$L = \sum_{n=0}^{N} d_n \times t_n$$

其中，n 为距离当前的时间天数，代表基于当天（$n=0$）来反向寻找时间差。N 为该业务的用户生命周期，比如 90 天。t_n 代表用户在前 n 天中的每日活跃次数。例如，距离当前的第 n 日，用户打开 App 两次，那么 t_n 就等于 2。d_n 为第 n 日的时间权重系数，距离当前越远，d_n 就越小。d_n 通常使用线性衰减或者以 e 为底的指数衰减，它们在 $n=0$ 时都等于 1。采用线性衰减的逻辑相对简便，计算逻辑为

$$d_n = 1 - \frac{n}{N+1}$$

表 14-6 展示了用户 A 和用户 B 在某款用户生命周期为 30 天的产品中的忠诚度计算结果。用户 B 在 30 天前活跃了 3 次，

而用户 A 在当天活跃了 2 次，因此用户 A 的忠诚度高于用户 B 的忠诚度。

表 14-6　用户忠诚度计算结果示例

用户	活跃次数			
	0（当天）	1（昨天）	30（30 天前）	忠诚度
用户 A	2	0	1	2.03
用户 B	0	1	3	1.06

根据用户忠诚度的变化趋势，我们可以确定正在流失的用户，并制定挽留策略。通过结合用户活跃忠诚度和用户价值忠诚度，我们可以构建波士顿矩阵，以评估用户类型，方便进行用户圈选并制定不同的策略，从而减少用户流失。

14.4　用户 Cohort 分析

用户 Cohort 分析通常被称为同期群分析或分组分析，主要分析相同批次用户随时间推移的发展与变化情况。用户 Cohort 分析可用于留存率分析、转化率分析、流失率分析、续费率分析和退费率分析等。用户 Cohort 分析有很多衍生应用场景，比如用户成交、用户客诉、库存去化等。通过用户 Cohort 分析发现数据波动较大时，我们需要从更细分的维度或者人群去分析，明确到底是数据异常、用户异常还是业务变化。

对表 14-7 中新增用户的留存率进行 Cohort 分析，发现最近 3 天的次日留存下降了 4 ～ 5 个百分点，下降幅度明显。01-04 日期新增用户的 3 日后留存率也相比同期下降明显。

表 14-7　新增用户留存率

日期	DNU	留存率					
		1 日后	2 日后	3 日后	4 日后	5 日后	6 日后
01-06	34 125	19.5%					
01-05	37 610	18.9%	13.1%				
01-04	35 084	20.4%	13.9%	9.6%			
01-03	20 549	25.6%	17.2%	14.0%	12.1%		
01-02	21 011	24.9%	16.3%	14.1%	12.4%	9.5%	
01-01	20 360	25.3%	16.5%	13.2%	11.5%	9.4%	8.2%

对留存率下降的原因进行深入分析，可以发现最近 3 天的 DNU 增加较多。对新增用户的来源渠道逐一拆解，发现裂变渠道带来的新用户在最近 3 天增加很多，数据如表 14-8 所示。原因在于业务近期加大了裂变激励，所以新增用户数增多是正常情况。因为近 3 天裂变带来的新批次的用户的留存率很低，所以影响了整个 DNU 的留存率。

表 14-8　裂变渠道带来的新用户留存率

日期	DNU	留存率					
		1 日后	2 日后	3 日后	4 日后	5 日后	6 日后
01-06	9 983	13.4%					
01-05	11 936	12.5%	9.2%				
01-04	10 427	14.8%	8.9%	5.9%			
01-03	1 598	23.9%	16.5%	13.6%	11.7%		

通过分析裂变渠道的用户特征，我们还发现了一部分用户的局域网 IP、MAC 相同，可以判断是"一人多号"。用户为了获得裂变激励，使用自己的手机及闲置设备重复注册，新带来的徒弟用户其实还是师父本人，这也导致裂变带来的新用户留存率降

低很多。此时，我们需要制定合适的反作弊措施，确保裂变新增用户为有效新用户。

在进行用户 Cohort 分析时，我们可以根据数据表中的数值范围进行不同色带的划分，以方便查阅和比对数据差异。此外，分析的时间维度需要结合业务属性来考虑。例如，移动资讯内容软件的用户活跃度按天考虑更为合适。部分业务的数据也可以按照周或月的时间维度进行同期比较。例如，电商用户的客诉、退费等更适合按月度进行用户 Cohort 分析。在不同场景下进行用户 Cohort 分析时，一定要考虑指标、时间维度和业务适配。

14.5 用户行为路径分析

通过用户行为路径分析，我们可以了解用户使用产品时的高频访问路径和页面流转特点。这有助于进行页面引导等相关的路径优化，提高转化率。路径分析有助于发现用户在哪些环节流失，哪些页面存在阻碍用户关键行为的转化，进而优化页面，引导用户的行为走向。比如，在电商业务中，虽然很多用户下了订单，但是支付成功率很低。这时，我们可以通过用户行为路径分析找到原因。

用户行为路径分析与漏斗分析存在区别。漏斗分析侧重于分析一个完整链路中各业务节点的转化情况，而用户行为路径分析侧重于分析业务节点或用户行为动作中的行为特征、路径顺序、频次、流转或流失情况。业务节点可以是很多页面或用户行为动作的宏观集成。在经典的 BI 可视化系统中，通常使用桑基图

（Sankey Diagram）来展示用户行为路径。桑基图是一种特定类型的流程图，可以用来反映行为走向。

以某款聚合短视频产品的新用户首次进入 App 首页的行为路径分析为例，简化的用户行为路径数据如表 14-9 所示。

表 14-9　用户行为路径数据示例

第一步		第二步		第三步	
行为动作	占比	行为动作	占比	行为动作	占比
上滑	57.4%	上滑	78.5%	上滑	80.3%
				点击播放	9.3%
		点击播放	12.3%		
点击播放	25.1%	播放完	36.7%	上滑	62.4%
		点击播放	16.3%		
		其他	47.0%	上滑	71.8%
其他	17.5%				

从表 14-9 中可以发现，新用户的主要行为路径是连续上滑，25.1% 的用户会直接点击播放视频，播放后大部分用户继续上滑。新用户进入后不断上滑寻找感兴趣的短视频内容。上滑路径的数据占比过大，也说明首页视频内容对用户的吸引力不足，最终导致留存率不高。此时，我们需要进行内容策略调整，同时评估对应渠道的用户人群是不是目标用户，从而及时调整市场推广策略。

14.6　用户召回分析

用户召回通常包括以下三步。

第一步，圈选流失用户并分类。

除了自然流失，用户流失的原因通常包括产品无法满足需求、体验不佳、竞品更具吸引力等。不论何种流失原因，我们都需要依据用户的历史消费数据、行为路径、活跃情况等因素来建立用户流失预警机制。除了用户与产品服务交互的关键行为或指标，不同的业务衡量用户流失的时间依据也不一样。例如，蔬菜生鲜业务中，用户在一两周内没有活跃行为就存在流失风险。而移动资讯类 App 用户在一个月内没有活跃行为，可以认定为流失用户。

当确定用户流失后，我们可以实施用户召回策略，具体为先对流失用户进行分类，依据消费行为的高、中、低维度，结合 RFM 模型，圈选出各类用户，包括高价值、低价值等类别的用户。每个类别的流失用户还可以进行分层细分，实施不同的召回策略。

第二步，制定召回策略，进行策略评估和成本预估。

根据产品本身的特性以及流失用户的特点，为不同的用户群体制定不同的召回策略。此外，我们还需要设计适当的文案和活动形式，以便召回策略能够快速、有效地吸引用户。通常，我们可以采用热点新闻评论、红包福利、优质内容、好友提醒等方式增加活动的吸引力。

对于不同的用户群体，我们可以采用 App 通知推送、订阅号通知、邮件、短信、电话等方式进行召回。对于流失风险高且获取时间久远的老用户，通过 App 通知推送效果可能较差，很多用户可能已经卸载了软件，客服电话沟通可能是比较直接的方式。

我们需要提前预估召回的效果和成本，以确保采用召回策略的合理性。召回成本主要包括发送通知或进行沟通的渠道成本、刺激消费的福利等。我们需要严格控制召回的预算，如果召回一个用户的成本远远大于其后续贡献的价值，或者远大于一个新用户的获取成本，那么召回该用户没有多大实际意义。

第三步，召回策略实施后的效果评估和复盘分析。

在召回策略实施后，我们要加强用户的关键行为引导工作，包括刺激召回用户的消费或活跃。对于高价值用户，我们可以进行多次不同方式的召回，以提升转化。在召回策略实施后，我们还要进行复盘分析，评价效果，总结经验，改进不足。复盘分析可以使用 KISS 复盘法，即 Keep（保持优点）、Improve（改进不足）、Start（本次没有展开的细节，在下次活动或策略实施时开启）、Stop（停止不利影响）。

某款语音社交产品在特定时期实施了用户召回策略，分析数据如表 14-10 所示。首先依据 RFM 模型进行用户分类，圈选出历史消费金额高且活跃度高的用户群体。其次从用户历史发送的弹幕高频词、喜欢的主播人物等多维度进行分析，提炼出用户与热门主播人物之间的相关度以及用户的词云偏好。再结合好友提醒和礼品福利的方式，对高价值用户进行电话回访和互动，向一般价值人群发送主播邀请短信通知，且文案中存在用户喜欢的高频词。

表 14-10 用户召回策略的分析数据示例

指标	高价值用户	一般价值人群
召回方式	电话	短信
圈选人数	1 000	5 000
召回率	21%	5%
召回成本（元）	3 000	1 500
召回后累计付费人数	62	45
付费率	29.5%	18.0%
召回后累计消费金额（元）	19 500	9 000

这种结合了用户兴趣以及人物相关度的精确召回，使得高价值用户的召回率高达 21%，一般价值人群的召回率也达到 5%，高出历史平均水平，且召回后累计消费金额远高于召回成本，投入产出比较好。另外，召回的用户群在召回当日后的一周内留存率大于 50%，整体的召回效果较好。运用 KISS 复盘法的总结如表 14-11 所示。

表 14-11　用户召回策略的 KISS 复盘法总结

模块	总结
Keep	准确地进行用户分类、提炼用户喜欢的高频词、确保合理的召回方式
Improve	需要继续提升对一般价值人群的召回率
Start	继续对低价值用户人群进行分析和分层，实施合适的召回策略
Stop	减少召回文案中敏感词的使用

14.7　用户调查问卷分析

在产品设计之前，我们应该收集用户需求。在上线后为了改善用户体验或优化功能，我们通常会通过发放优惠券、积分、金币等奖励邀请用户参与调查问卷。问卷中涉及的问题可能包括性别、年龄、职业、教育程度、收入等个人基础信息，以及用户的兴趣爱好、喜欢的栏目或商品类目、来源、对产品或某方面服务的打分、用户期望的需求或优化方向等。

用户调查问卷分析最重要的是问卷设计和分析解读。问卷设计要精练、通俗易懂，因为用户通常不想耗费过多的时间，而且过多的专业术语也无法让用户理解。设计的问卷问题要结合当前业务的痛点及目标，将大目标拆分为重要的子目标后，依据子目标设计问题并站在用户的角度进行答案预设。

调查问卷包括开放式问卷、封闭式问卷、半封闭式问卷、自填式问卷等类型。问卷的选项形式通常混合了多种类型，比如是非型、选项型、等级型、评分型、自定义型等。答案内容要清晰、客观和独立，避免引导用户进行非真实的回答。

基础的数据分析和统计相对简单。对于用户基础信息和各问题选项，我们可以获得各选项的占比数据，以显示用户的集中需求和反馈。在进行细分类目的答案分析时，我们需要注意置信度，特别是确定参与调研的用户数或类目能否代表整体情况的评估。除了统计分析，某些复杂的分析可能需要使用交叉分析、回归分析等技术才能获得深度信息。

在某款移动资讯产品的调查问卷中，"你最喜欢的内容类目"结合用户性别的数据统计结果如图 14-2 所示。

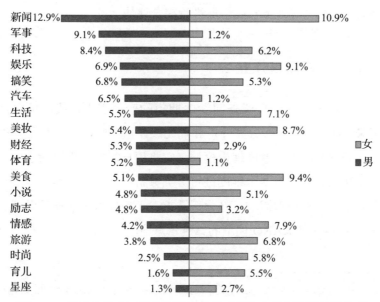

图 14-2　调查问卷中不同性别选择的喜欢的内容类目数据统计结果

可以发现，除了日常的新闻之外，男性用户喜欢军事、科技、娱乐等类目，而女性用户则更喜欢美食、娱乐、美妆等类目。由于参与调研的用户数量很多，置信度符合要求，因此我们可以针对性地了解不同用户的需求，以便制定相应的内容策略。此外，我们还可以结合年龄段进行用户分析，例如发现"00后"人群除了通用类目外，相对于其他年龄段人群更喜欢星座内容。

用户调查问卷还可以反映产品的竞争力。例如，某款网赚产品用户调查问卷中的多选问题"对产品最满意的地方"，59.3%的用户选择了"可以提现"，51.6%的用户选择了"任务激励高"，这符合产品设计的初衷。问卷问题"希望产品改进的地方"，65.7%的用户选择了"降低提现额度"。虽然降低提现额度的确会改进用户体验，但具体的降低程度或是否能够降低，都需要结合提现率等业务实际情况进行综合评估。

14.8　用户需求分析

针对内外部用户调查问卷中期望的产品需求，我们可以使用 KANO 模型⊖进行分类分析和优先级评估。KANO 模型是一种产品开发和客户满意度理论模型。它将用户需求从用户满意度和产品功能具备程度两个维度进行分类分析，共分为 5 类，包括基本型需求、期望型需求、魅力型需求、无差异型需求和反向型需求。图 14-3 是 KANO 模型的二维示意图。

⊖　KANO 模型是东京理工大学教授狩野纪昭（Noriaki Kano）发明的对用户需求进行分类和排序的工具。

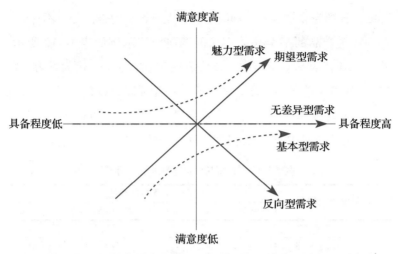

图 14-3　KANO 模型的二维示意图

　　基本型需求属于必须有，但是若产品仅提供基本功能则不足以满足用户需求，用户满意度不会很高。期望型需求属于应该有，能够持续提高用户满意度。魅力型需求代表了产品的爆点和特色，能够大大提升用户满意度。但这类需求不具备时，不会降低用户满意度。无差异型需求和反向型需求都属于不应该有。无差异型需求代表无所谓或无回报的需求，应该尽量避免。反向型需求代表提供该需求后用户会吐槽，用户满意度会降低，不应该提供。

　　以即时通信产品为例，聊天功能是基本型需求，朋友圈和公众号是期望型需求，"附近的人"是魅力型需求，部分增值服务是无差异型需求，而场景推送广告是反向型需求。

　　KANO 模型通过标准化的用户调查问卷进行需求调研，针对每一个需求或功能，让用户在产品具备该功能和不具备该功能时做出正面或负面的评价。问卷的每个问题答案采用五级选项，代表 5 个程度，分别为非常喜欢、理应如此、无所谓、勉强接受、不喜欢。

针对产品的某个功能需求的调研回答示例如表 14-12 所示。其中，M 代表基本型需求，O 代表期望型需求，A 代表魅力型需求，I 代表无差异型需求，R 代表反向型需求，Q 代表可疑结果。依据矛盾程度和业务属性，可疑结果 Q 的区域可以扩大，比如提供该功能和不提供该功能都为"理应如此"的区域。

表 14-12　KANO 模型需求分类示例

产品的某个功能需求		不具备该功能				
		非常喜欢	理应如此	无所谓	勉强接受	不喜欢
具备 该功能	非常喜欢	Q	A	A	A	O
	理应如此	R	I	I	I	M
	无所谓	R	I	I	I	M
	勉强接受	R	I	I	I	M
	不喜欢	R	R	R	R	Q

对于同一个功能需求，不同的用户可能会认为它属于不同的需求类型。因此，统计所有调查用户的数据分布，以占比最大的需求类别作为该产品功能需求最终对应的需求属性。例如，某款网文产品针对是否增加网赚功能进行调研，所收集的数据结合 KANO 模型需求分类进行统计分析，数据分布如表 14-13 所示。

表 14-13　统计数据分布

网赚功能		不具备该功能				
		非常喜欢	理应如此	无所谓	勉强接受	不喜欢
具备 该功能	非常喜欢	9.2%	4.8%	11.5%	14.3%	32.8%
	理应如此	0.8%	5.8%	2.9%	1.4%	4.9%
	无所谓	0.0%	0.0%	9.5%	0.0%	0.0%
	勉强接受	0.0%	0.0%	0.7%	1.4%	0.0%
	不喜欢	0.0%	0.0%	0.0%	0.0%	0.0%

将相同需求类别的占比数据累加，最终各需求类别的占比如表 14-14 所示。可以发现，O 类别的数值最大，说明增加网赚功能属于用户的期望型需求。用户能够在使用软件的同时赚零花钱，用户满意度会提升。由于网赚功能并不是该产品独有的特色，所以总体上用户并不认为网赚功能是魅力型需求。

表 14-14　各需求类别的占比

需求类别	M	O	A	I	R	Q
占比	4.9%	32.8%	30.6%	21.7%	0.8%	9.2%

当评估多个功能需求时，我们可以依据该功能需求对应的各类别占比来计算 Better-Worse 系数，以表示该功能对于增加满意或者消除不满意的影响程度。Better 系数代表满意指数，数值为正，表示如果产品提供某功能或服务，用户的满意度会提升，最大值为 1，数值越大代表用户满意度上升得越快。Worse 系数代表不满意指数，数值通常为负，表示如果产品不具备某功能或服务，用户的满意度会降低，最小值为 –1。根据 Better-Worse 系数，我们可以排列用户需求的优先级，对系数绝对值较高的需求应当优先开发。

Better-Worse 系数的计算逻辑如下：

$$Better = (A + O) / (A + O + M + I)$$
$$Worse = -(O + M) / (A + O + M + I)$$

其中的参数代表 KANO 模型需求分类表中对应需求类别统计数据的累加。例如，"A+O+M+I"代表魅力型需求、期望型需求、基本型需求、无差异型需求 4 种类别统计数据的累加。

表 14-15 为 4 个功能的 Better-Worse 系数。功能 1 为上述网

赚功能。基于 Better 系数和 Worse 系数的绝对值，我们建立了二维分析的四象限示意图，如图 14-4 所示。

表 14-15   4 个功能的 Better-Worse 系数

系数	功能 1	功能 2	功能 3	功能 4	平均值
Better	0.70	0.54	0.23	0.25	0.43
Worse	−0.42	−0.31	−0.12	−0.35	−0.3

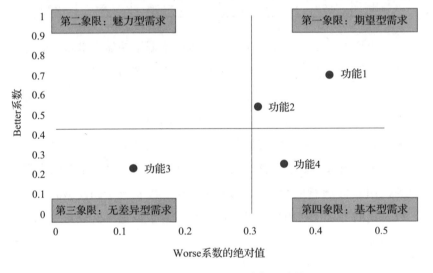

图 14-4   Better-Worse 分析示意图

可以发现，功能 1 和功能 2 落入第一象限，属于期望型需求。当产品提供该功能时，用户满意度上升；当产品不提供该功能时，用户满意度下降。第二象限的 Better 系数高，Worse 系数的绝对值低，属于魅力型需求。第三象限的 Better 系数低，Worse 系数的绝对值低，属于无差异型需求。功能 3 落入本象限，说明用户不在意该功能。第四象限的 Better 系数低，Worse 系数的绝对值高，属于基本型需求。功能 4 落入本象限，说明产品必须具备该功能。

通常，不同分类需求的实现优先级顺序为基本型需求、期望型需求、魅力型需求，并避免实现无差异型需求和反向型需求。

对于以上功能，实现优先级排序为功能 4、功能 1、功能 2，不考虑功能 3。

尽管 KANO 模型没有考虑需求的其他价值因素，比如战略、竞争、商业利益等，但是从用户满意度和功能具备程度的角度看，KANO 模型能够定性和定量地分析用户需求，从而科学地指导决策制定和需求优先级定义。需要注意的是，KANO 模型问卷的问题从正、反两个方面询问用户，这样用户可能受到情绪影响而随意填写，进而影响调研质量。

14.9　用户画像分析

通过用户画像分析，我们可以全面了解产品或行业。除了基础的用户信息，如人口统计、个人信息、社会属性、设备信息等，用户画像中更重要的是业务属性相关的信息，如用户消费、用户行为、用户兴趣等。这些与业务结合紧密的画像信息能有效指导市场精准营销、产品和运营优化。不同业务的用户画像标签存在区别，比如电商业务看重用户的复购行为和消费能力，金融业务看重用户风险，包括违约、还款、征信等，阅读类移动应用看重用户的内容兴趣特征。若是创业孵化器内的多种业务，我们通常可以将用户信息打通，解决信息孤岛问题，让用户画像更完整。

与用户调查问卷分析相比，用户画像分析基于全量用户数据信息和用户的具体行为进行系统化统计，以便全面了解用户，从而制定具体的策略优化细节。在用户调查问卷分析中，参与调研的用户并不是全量用户，调研的问题更多偏向于用户体验、心理、期望或意见之类的软性问答。调查问卷分析主要用于指导改进方向，而用户画像分析更适用于全面了解用户。

以某款答题游戏产品为例，依据各项用户基础信息的分布占比数据，用户画像的数据分析总结如表 14-16 所示。

表 14-16　用户画像的数据分析总结

用户信息	画像数据总结
用户性别	男、女数量基本持平，女性用户占比 53.1%
年龄段	20～29 岁的用户最多，占比 58.3%；30～39 岁的用户占比其次
地域	中部省份用户最多，其次为沿海省份
手机系统、手机品牌	81.2% 的用户使用安卓设备，国产品牌占比最大
日均使用时长	60.5% 的用户使用时长在 10min 之内，使用超过 30min 的用户占比不到 2%
用户活跃时段	中午休息时的 12 点至 13 点、晚上下班后的 20 点至 21 点时段最活跃，各时段的 DAU 分布如图 14-5 所示
分享行为	女性用户的分享意愿高于男性用户的分享意愿，女性用户存在分享行为的占比为 62.9%
裂变收徒	60% 的用户存在有效裂变行为，其中 iOS 设备的人均徒弟数为 3.6，远高于安卓设备用户的 2.2
答题行为	日均参加小于 10 场答题比赛的用户占比 49%
用户设备安装其他软件情况	活跃用户安装最多的软件类别依次为社交软件、短视频等，可选择重点类别和特定软件实现精准投放

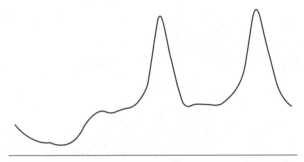

00 01 02 03 04 05 06 07 08 09 10 11 12 13 14 15 16 17 18 19 20 21 22 23

图 14-5　用户活跃时段分布

目标群体指数（Target Group Index，TGI）主要用于用户画像中不同类别用户在某个维度上的比较或者产品在行业维度上的对比。TGI 经常出现在行业调研报告中，计算公式如下。

TGI= 用户分类中具有某一特征的用户群体所占比例 /

总体中具有相同特征的群体所占比例 ×100

TGI 反映了不同类别用户群体在特定维度比较时的强弱和差异。TGI 等于 100，表示该类用户在某个特征维度上处于平均水平。TGI 大于 100，表示该类用户在某个特征维度上强于平均水平。

例如，在答题游戏产品中，我们可以分析用户设备上安装软件的类别。如图 14-6 所示，从不同性别常用软件类型的 TGI 来看，男性用户更喜欢网络游戏软件，而女性用户更喜欢摄影软件。

通过用户画像分析，我们可以建立整个群体或特定群体的用户画像标签，从而真正了解用户的特点和需求，做出合理的决策，实现精细化运营，提升运营效果和商业变现水平。

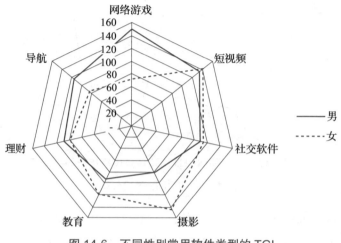

图 14-6　不同性别常用软件类型的 TGI

14.10　用户社交影响力模型

　　用户社交影响力反映了用户在内容产出、互动、裂变等方面的价值。用户之间的社交互动促进了社区的活跃度，传播了产品品牌和影响力，对维护产品生态具有较大的意义。用户当前的社交影响力是其历史行为的结果，影响力是一个持续过程，历史越久远的行为对当前社交的影响越小。用户社交影响力模型如下：

$$\text{Power} = \sum_{n=0} \left(a_n + b_n + c_n + d_n \right) \times \text{e}^{-n}$$

其中，n 为距离当前的时间天数，基于当天（$n=0$）向前追溯。变量 a、b、c、d 的定义和说明如表 14-17 所示，其中各变量还存在系数，依据业务进行各项加权。例如，a_n 为用户在距离当前第 n 日的发文、发帖行为的曝光数，同时考虑了权重。

表 14-17 用户社交影响力模型的变量说明

变量	说明
a	内容产生的传播影响，所发布的内容被多少人浏览
b	所发布的内容被多少人点赞，或对其他内容完成了多少个点赞
c	评论行为，包括产生的内容被多少人评论、评论了多少人产出的内容
d	转发行为，包括内容被多少人转发，或者转发了多少个内容

　　用户社交影响力模型运用统一的计算逻辑评估了一般用户和关键意见领袖（Key Opinion Leader，KOL）等的社交价值。例如，拥有粉丝数多且持续创作影响众多用户的 KOL，社交影响力最高，也最稳健。部分用户由于上了推荐热点，临时的社交影响力也很高。用户社交影响力需要进行持续监测。我们可以对社交影响力进行分级（例如评定 1 星到 5 星），以便制定运营策略。

15

产品与运营的精益分析

产品作为供给侧，是 4P 营销理论（Product、Price、Place、Promotion，产品、价格、渠道、推广）中的第一个要素。只有好的产品，才能有好的业务发展和用户增长。任何产品都能对应马斯洛需求层次理论的某个层级。根据二八法则，大部分访问流量聚焦于主链路，但是仍需让其他辅链路的衍生服务捕获更多有效的转化。

《网络营销 3.0》一书中提到，"转化"是一门艺术，也是一门学问。要提升转化，需要有吸引力的行动号召。优秀的行动号召应该具备四大特征，即 VEPA 原则，包括有价值（Valuable）、操作简单（Easy to use）、吸引眼球（Prominent）、清晰的行动导向（Action oriented）。可以说，只有具备 VEPA 原则的设计思路，才能创造出产品的成瘾模式（Addiction Business Model，ABM）。一旦用户持久忠诚于产品生态，在产品生态内持续消费或贡献价值，说明该产品形成了成瘾模式。

成瘾模式帮助产品人员理解用户心智。从心理学上看，成瘾行为会给用户带来一种安全感。Nir Eyal 在《上瘾：让用户养成使用习惯的四大产品逻辑》一书中通过触发（内部和外部）、行动、多样化的奖励、投入 4 个方面解析了让用户上瘾的循环模型。《风口：把握产业互联网带来的创业转型新机遇》一书中提到，成瘾模式包括成瘾价值主张、成瘾价值传递和成瘾价值实现。

❑ 成瘾价值主张主要表现为族群模式、产品模式和伙伴模式。

❑ 成瘾价值传递主要表现为渠道模式、沟通模式和客户模式。

❑ 成瘾价值实现主要表现为成本模式、收入模式和壁垒模式。

这些细分要素相当于构成产品设计的商业画布要素。实际上，产品的壁垒模式可以表现在许多情境中，例如拉新裂变模式、产品可玩性和用户体验等。如果产品的关键指标表现不佳，说明产品为用户带来的核心价值不够坚固，可能不存在壁垒模式。此时，我们需要重新定位产品方向并持续迭代，通过用户分析、关键时刻模型、BMAT（Behavior-Motivation-Ability-Trigger，行为 – 动机 – 能力 – 触发）模型等方法，最大限度地找到用户痛点和需求，帮助产品达到 PMF 状态。

精细化运营的成功依赖场景。这些场景包括用户通过搜索关键词进入产品页面，或者用户通过点击广告进入产品页面。对应的落地承载内容都应该匹配对应渠道的用户特性。用户付费一定是产品或运营的某个细节引导或触发的。根据决策周期的不同，我们需要在不同的场景中运营产品。对于长周期决策产品（如医美），运营工作的重点应该放在用户咨询服务上，因为直接接触用户并了解用户需求才能提高转化率。对于短周期决策产品（如短视频），一旦用户打开应用程序，应用程序需要立即展示优质内容以吸引用户，让他们快速享受到乐趣。

与用户增长侧重流量规模不同，精细化运营主要关注转化和用户行为，需要对细节进行更详细和深入的分析，紧盯数据的变化并设计匹配的策略以达成目标。产品替换成本和用户信任是实现用户增长的两大关键要素，依赖用户成长等运营体系。可以说，精细化运营也是用户增长的基石。

15.1　关键时刻模型

关键时刻（Moment Of Truth，MOT）指的是用户在体验或使用产品或服务过程中的关键节点。这些关键节点强化了用户对产品或服务的消费意识或愉快体验。MOT 不一定是大的里程碑，可能只是用户与产品接触过程中的微小片段或细节。MOT 贯穿于 AARRR 和 AIPL 链路，指引用户行为，促使用户下决心进行某项活动，比如付费。

在广告营销中，MOT 模型的核心是利用 MOT 来抓住用户注意力的模式。在产品和运营中，我们更多关注创造和设计 MOT。MOT 的创造、布局和设计是产品核心竞争力的重要组成部分。当用户刚接触到产品或服务时，即使只有几秒钟，我们也要强化用户的某种心理活动，促进产品或服务转化。

MOT 模型包括最初关键时刻（Zero Moment Of Truth，ZMOT）模型和最终关键时刻（Ultimate Moment Of Truth，UMOT）模型。ZMOT 是指用户的最初心理活动，例如，用户注册某个付费工具软件后，在体验使用过程中，被某个事件触发产生一个心理活动，意识到可以尝试付费使用。UMOT 则是"临门一脚"，该时刻刺激用户立即下单付费。

举几个线下服务的例子，当用户乘坐某航空公司的班机或用户进入品牌餐厅点餐时，每次与服务人员接触的时刻被称为MOT。这一时刻的用户体验决定了用户是否继续选择该品牌的服务。服务员的服务态度和质量会影响用户的心理，决定着用户是否会继续消费。而某大型商场出口的"1 元冰淇淋"是一个UMOT，它增强了用户记忆，引导用户下次光顾。

在电商业务的"进店—消费—复购—推荐"链路中，MOT需要持续设计，让用户一进店就被爆款吸引。当用户觉得商品符合需求时，突然跳出红包优惠，用户发现可以优惠购买，这就是一个 MOT。用户购买后感觉物有所值，购买页面随后弹出分享页面，此时也是一个 MOT，引导用户立即分享。

针对任何产品或页面，我们都需要对 MOT 进行统计，确保产品或页面存在多个 MOT。同时，我们需要在每个用户行为链路、每个模块服务中尽可能植入连续的 MOT，持续对用户进行潜意识的引导和影响。例如，某电商购物 App 的页面 MOT统计如表 15-1 所示。支付完成页面中就存在支付完成的返利累计金额、分享海报、邀请好友 3 个功能引导，按顺序组合成为 3个 MOT。

表 15-1　各页面的 MOT 数据

页面	列表页	详情页	支付完成页
MOT 数量	8	4	3

在产品设计中，我们希望用户能够在使用产品时有所发现。这种发现让他们受到启发或感到惊喜，我们将这种发现时刻称为 Aha 时刻（Aha Moment）。二者的不同之处在于，MOT 代表对用户进行潜意识的影响，MOT 的引导或刺激大小不一；Aha 时刻只是代表产品的某个细节击中了用户的某个痒点或爽点，让用户觉得很有意义。从另一个角度看，也可以说 Aha 时刻就是一个 MOT。

15.2　BMAT 模型

BMAT 模型来自 Fogg 行为模型（Fogg's Behavior Model），表示触发一次有效的用户转化行为（Behavior），需要同时满足 3 个要素：让用户有足够的动机（Motivation）、用户拥有完成转化的能力（Ability）和存在触发（Trigger）用户转化的因素。BMAT 模型示意图如图 15-1 所示，纵轴为用户动机，横轴为能力。横轴最右边表示容易完成的操作或事件，对用户的能力要求低；横轴左边表示完成困难，对用户的能力要求高。图中的曲线为行动线，相当于一个临界线，行动线及其上方区域为触发的成功区，表示转化行为可以有效触发；曲线下方表示触发失败，表示用户转化行为不会发生。

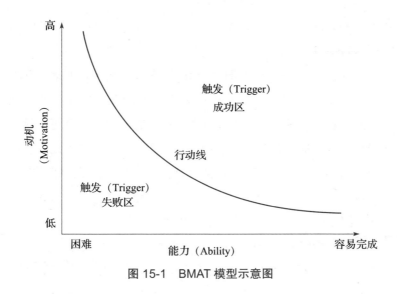

图 15-1 BMAT 模型示意图

让用户有足够的动机（Motivation），其中涉及的动机主要分为3类：感受、期望和归属感。当用户对产品的某个功能或服务感兴趣时，用户的动机很高，那么此时触发用户的转化行为是相对容易的。当事件的触发成本很高，或需要操作很复杂时，那么只有用户的动机很高，才愿意去完成操作，例如，在某个方面增强对用户的吸引力，可以提高用户的动机。

用户拥有完成转化的能力（Ability）是从用户的时间、体力、脑力等方面考虑满足用户行动触发的条件。如果某个行为仅需耗费用户几秒钟的时间，或者很轻松就可以操作，那么该行为是比较容易完成的。也就是说，即使用户动机比较低，大部分用户的操作行为依然可以被触发。在转化流程中，我们需要尽可能降低用户的时间、金钱和精力成本，为用户提供简单易懂、符合日常习惯的界面和功能，让用户少思考。这样可以降低产品对用户操作能力的要求。某个服务或功能降低了用户做某件事情的成本，就更容易完成转化。

存在触发（Trigger）用户转化的因素是指在用户的动机和能力都满足的条件下，需要某个因素来触发用户的操作行为。例如，推荐软件的短视频封面和标题信息很有吸引力，会更容易触发用户的点击播放行为；电商业务中，商品标题内容生动，更容易触发用户参与拼单购买。任何引导行为只有存在触发用户转化的因素，才能有效地让用户执行操作，从而把该行为的转化能力提升到图15-1中"行动线"的上方区域。

在应用BMAT模型时，我们需要特别注意只有在合适的时机提升用户动机，触发用户完成力所能及的事情，才能促进转化。例如，在某短视频移动应用中，用户的微信分享率挺高，但是用户分享视频内容被点开播放的比率不到10%，主要原因是新用户要观看该视频，需要先下载App，这对用户的要求较高。因此，我们通过降低完成难度，通过微信小程序来对接分享链接后的下一步操作。只要用户一点击分享的链接，就自动打开了小程序播放。这样，用户完成起来更容易，也就降低了产品对用户能力的要求，最终的视频播放率超过了60%。

另外，某款网赚产品的裂变效果一般，推广员占比不高，主要原因除了产品本身之外，还在于用户动机不足。我们通过加大裂变激励，提升用户的行为动机，使得用户的裂变行为更容易触发。最终，在方案实施后，推广员占比提升2.5倍以上，数据示例如表15-2所示。

表 15-2　提升用户动机后的裂变数据比较

行动	初始激励	推广员占比	优化后激励	推广员占比
裂变邀请好友	每新增一个徒弟可得 7 元	13.5%	每新增一个徒弟可得 15 元	34.1%

15.3　AB 实验

即使宏观的业务战略方向和创新方向相对清晰，但短期内，我们通常可能在小的细节上无法精准确定用户需求。在这种情况下，采用 AB 实验来测试或评估多种方案的优劣尤为必要。利用 AB 实验来帮助产品运营人员改进计划，可以避免经验主义的成本高、风险大的缺点。同时，采用小流量且多方案评估的 AB 实验，可以大大缩短方案验证的时间周期。AB 实验的应用场景广泛，包括产品界面改版、产品功能验证、运营活动方案评估、广告营销文案调整、推荐算法或用户运营策略调整等。

比如，计划对某款产品某个功能界面进行改版，分别设计了 A、B、C、D 四个版本，期望找到点击率最高的方案，于是运用 AB 实验，实验结果数据见表 15-3。表 15-3 中的 P-Value 是实验结果数据通过数学统计检验后的检验数值，用于检验不同实验方案的结果差异。P-Value 值越小，代表差异越大，我们可以认为改版前后存在显著差别。从表 15-3 中可以发现，版本 B 的点击率高于原始版本，P-Value 也通过了检验，可以认为版本 B 的效果优于原始版本。同时，虽然版本 D 也存在正向的变化度，但是 P-Value 较高，代表改版后效果有改善，但是不显著。我们认为版本 D 的可信度较低，暂时不采用版本 D。

表 15-3　产品改版的 AB 实验结果数据对比

版本编号	DAU	点击人数	点击率	变化度	P-Value
原始	4 745	228	4.8%	—	—
A	2 197	113	5.1%	7.0%	0.56
B	27 133	1 960	7.2%	50.3%	0.0
C	699	28	4.0%	−16.6%	0.37
D	567	32	5.6%	17.5%	0.41

15.4　避开误区——幸存者偏差

幸存者偏差是指获得信息的依据仅来自幸存者时，信息所反映出的情况可能与真实情况存在较大的偏差。虽然数据计算结果准确无误，但它只能反映有参与记录的那部分幸存者的信息。因此，该数据可能是非常片面的，因为绝大多数没有参与的用户的想法并没有被完全反映出来。所以，我们在通过数据分析来解读业务信息时，需要避免幸存者偏差这个误区。

比如，在产品改版的 AB 实验后，我们发现某个页面新增功能的点击量很高，进入页面的 60% 的用户会使用该功能。对此，错误的解读可能为：数据说明很多用户有该功能需求，我们可以将其移到首页或其他主要页面。实际上，该产品的 DAU 高达百万，主流用户人群为男性用户，但这个页面日均访问用户数不到 1 万，同时使用该功能的 60% 用户中，绝大部分为女性用户。这些用户相当于幸存者，那么对于产品而言，若是随意改动，该新增功能的效益可能并不是正向的。也就是说，数据的真实价值在于有效的统计和正确的解读，尤其对于残缺的数据。

15.5　冷启动

所有创新产品在上线早期都会面临冷启动问题。通常，在冷启动阶段，目标用户群的属性不清晰导致用户定向不精准，同时缺乏优质的内容或服务供给。这会导致验证产品 MVP 版本相对困难。在 MVP 版本上线后，我们需要收集种子用户的反馈，从而帮助产品迭代改进。

冷启动涉及的第一个问题是种子用户的纯度。如果种子用户不是产品目标用户，那么用户的忠诚度不高，容易流失。这类用户对产品的贡献不大。导入很多纯度不高的用户，对产品也是不利的，通常无法顺利完成冷启动。一般说来，种子用户希望体验产品新版本的需求强烈，他们的反馈建议有助于产品的迭代改进。

关于种子用户的来源，不同产品的最优渠道不一样。例如，对于网赚产品，通过裂变带来的新用户的行为与推广员行为相对一致，属于网赚产品重度用户。因此，网赚产品可以重点从裂变拉新这种途径来导入种子用户。对于存在社区分享的产品，我们可通过搭建社群、粉丝团等方式，更好地吸引相同兴趣的用户聚集。无论从哪种渠道去获客，导入的种子用户画像一定要与产品预期的用户画像基本一致。通过对种子用户的行为分析，我们可以评估用户标签是否与所预期的用户群体属性相似。

不同产品的冷启动所需要的种子用户数存在差别。对于预计后期日活较大的 C 端产品，在早期通常需要导入 1 万个种子用户；对于社区产品，通常需要导入 1000 个种子用户；对于 SaaS 产品，通常只需要 50 个种子客户。不同业务需要设定不同体量的种子用户数，这样才方便定义该阶段的目标收入。对于付费产品而言，目标收入就是销售额；对于免费产品，目标收入对应广告收入，通过不断迭代测试，收入曲线应该是逐步向上并接近OKR目标的。

冷启动的下一步是开启高转化和规模化。随着平台服务的增加，产品吸引用户的能力越来越强，用户规模也越来越大。当用户达到一定规模后，品牌传播、裂变和口碑传播促使实现用户自增长。同时，获客的边际成本也在不断降低。总体来说，我们在冷启动阶段需要特别关注用户质量，因为即使用户规模较小，但能够有效测试出产品的各项关键指标，从而驱动产品进一步优化。

15.6 提升留存率

留存不仅仅反映了用户黏性，同时也是用户增长的核心。新用户的留存率越高，DAU 的基数就越大，用户增长的速度越快。提升留存可以延长用户生命周期，使得在同等变现水平，用户LTV 更高，缩短回本周期。

由于市场竞争、行业发展和用户兴趣快速变化，我们在市面上很难看到有产品的用户留存率呈现"微笑曲线"。提升用户留存率需要让产品给用户留下好的第一印象。功能、服务、品牌知名度、性能等都是产品吸引用户的关键因素。

另外，做好新手引导，让新用户能够尽快体验到产品特色，也是提升用户留存率的一个手段。日常的用户运营手段，比如会员制、活动运营、促销、软件通知推送等在促活跃的同时也提升了留存。产品中的签到得积分、连续签到获金币奖励等手段，也能够提升用户留存率。总体而言，产品符合用户需求，具有成熟运营体系，具有完善的用户成长体系、用户激励体系和良好客服服务，这样才能持续为用户创造价值，用户留存率才会逐步上升。

比如某款产品对新用户设计了7天连续签到有礼的活动，但是我们发现用户在第3天的流失速度最快，后续相对平稳。也就是说，用户第3天的签到留存率显著低于第2天的签到留存率。通过分析发现，主要原因是该时间周期中段的签到要求较高，且签到奖励较低。因此，我们通过提升特定时间的连续签到奖励和放宽条件，使第3天的连续签到率提升至45%。最终，整个7天的签到活动有85%的签到用户参与，7天内的用户留存率平均提升了原值的31%左右。

在内容型产品中，社区化能够帮助提升用户留存率。比如，普通用户在享受PGC（专业生产内容）和UGC（用户生产内容）的同时还可以变换角色作为创作者生产内容，对用户黏性存在正向作用。

在用户增长过程中，虽然产品在迭代优化，但留存率并不会稳步上升。这是因为新用户可能并非目标用户。新用户的来源渠道较多，各渠道的新增数量也差异较大。例如，广告营销可以在短时间内大量获客，但是用户质量可能比裂变带来的新用户质量差很多。这是因为前期用户规模较少时推广员也较少，那么产品无法大规模展开裂变效应，这就会导致裂变带来的新用户数量不多。也就是说，即使产品服务越来越完善，由于不同时期的用户规模和用户属性存在差异，当大规模的新用户导入时，会稀释用户人群属性，存在大幅拉低产品整体留存率的可能性。

此外，提升留存需要重视长尾留存。在新用户导入前期，留存率高，而长尾留存率低。但是，随着时间推移，长尾用户也可以获得较高的累计贡献日活数。例如，表 2-2 中的小视频应用的留存率曲线，次日留存为 36%，通过分析可以获得前 30 日的留存率之和为 3.12，第 61 天至第 120 天的留存率之和为 1.84，相当于前 30 日的留存率之和的 59%。也就是说，长尾用户价值依然不差。其实，长尾留存用户黏性持久，对产品服务更依赖。因此，提升该类用户的服务体验，并设计适配的运营方式是进一步提升留存的手段。

如图 15-2 所示留存率曲线案例，对于快速衰减型产品，虽然用户在使用初期的留存率很高，但是黏性较差。产品提供的服务达不到用户预期，或者产品功能比较单一，可能仅存在一两个让用户顿感惊奇的 MOT。由于快速衰减型产品无法刺激用户持续访问，用户热情快速消退，中长期留存下降很快。一段时间后，快速衰减型产品的留存率低于长尾留存型产品的留存率。

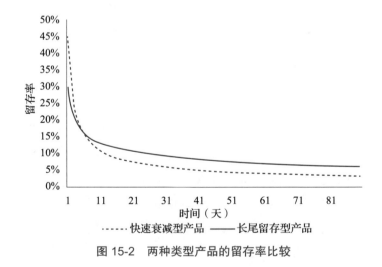

图 15-2　两种类型产品的留存率比较

需要注意的是，若快速衰减型产品早期的高留存率是运营策略刺激导致的，那么这并不属于稳定期的数据，需要针对运营策略和用户行为进行分析。因为这并不一定是产品服务好带来的。

从表 15-4 的两种类型产品的关键指标比较中可以看到，长尾留存型产品虽然次日留存数据远低于快速衰减型产品的次日留存，但是由于用户行为平稳，留存率衰减慢，30 日留存率为 9.1%，是快速衰减型产品对应数据的 1.57 倍。长尾留存型产品的 30 天累计贡献日活数指标已经超过快速衰减型产品的，长尾留存型产品的 90 天累计贡献日活数为 9.3，是快速衰减型产品对应指标的 1.35 倍。更重要的是，长尾留存型产品的用户生命周期会变得更长。可以发现，图 15-2 中长尾留存型产品的用户在 180 天后的留存率依然保持在 5% 左右。

表 15-4　快速衰减型产品和长尾留存型产品的关键指标比较

指标	快速衰减型产品	长尾留存型产品
次日留存	45%	30%
30 日留存	5.8%	9.1%
30 天累计贡献日活数（R_cum_{30}）	4.5	5.0
90 天累计贡献日活数（R_cum_{90}）	6.9	9.3

也就是说，长尾留存型产品虽然早期留存不是很高，但由于产品服务与用户需求预期匹配度较好，用户流失慢，延长了用户生命周期，它的关键数据指标和产生的商业价值优于快速衰减型产品的，也是在产品设计时更为推荐的。

在实际工作中，若发现产品的用户留存较差，用户生命周期很短，我们就需要有针对性地分析用户留存关键环节。所需要完成的工作包括用户调研、流失用户特征分析等，我们要找出哪些功能对用户留存有负面影响，并考虑对营收的贡献影响。同时，我们也可以参考外部优质竞品的特点，优化产品设计。

15.7　用户生命周期模型

用户从首次使用产品到最终离开产品的时间周期被称为用户生命周期。第 4 章也提到用户生命周期时长。用户生命周期包括印象期、新手期、成长期、成熟期、衰退期和流失期。不同时期的用户价值不同，成熟期的用户价值最高。用户价值总体上类似于正态分布曲线，如图 15-3 所示。

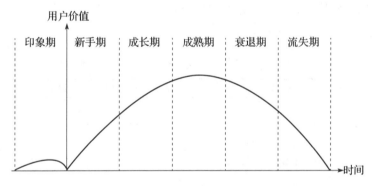

图 15-3　用户生命周期内的用户价值示意图

印象期位于用户进入新手期使用产品之前，用户不直接产生产品营收价值，用户价值更多体现在帮助产品进行口碑传播等方面。用户生命周期并不是产品生命周期（Product Life Cycle，PLC），虽然两者划分的过程阶段类似。

处于印象期的用户相当于我们产品的潜在用户。用户多次接触到品牌或广告营销时，逐步对产品有了相对清晰的了解。在某个时刻被某个营销事件触发，潜在用户开始下载、安装和使用产品，转入了新手期。新手期是用户刚开始使用产品的时期，由于用户使用产品时间不久，操作不熟练，还没有体验到产品的核心价值。

在成长期，用户已经清晰地认识到产品价值，体验了产品的核心功能、MOT 和 Aha 时刻。如果用户对产品体验比较满意，他们就会开始活跃，并完成从新用户到老用户的角色转变。处于成熟期的用户对产品的依赖度很高。这类用户忠诚度高，且会高频使用产品，他们会深入体验产品服务。该时期的用户活跃度最高，用户贡献的价值最大，从数据上看，体现在活跃频次、活跃时长等指标上。

当用户新鲜感消失，对产品服务感到疲倦，更多需求得不到持续满足后，用户的活跃度逐步降低，贡献的价值逐渐下降，用户就进入了衰退期。当用户连续一段时间没有访问产品，用户就转入了流失期。

延长用户生命周期至关重要，因为用户的生命周期决定了用户价值，也决定了用户增长程度和产品价值。并非所有用户都会经历完整的用户生命周期。一旦他们的需求没有得到满足，他们很快就会离开，特别是在新手期和成长期。对于不同的业务，我们在不同阶段的重点关注也有所不同。在创新业务 0-1 阶段，我们需要重点管理新手期和成长期等前期阶段的用户生命周期。而对于已经形成规模的业务，我们需要重点管理成熟期和衰退期等后期阶段的用户生命周期，比如可以采用会员制运营措施。在用户生命周期的不同阶段，我们需要采取不同的运营策略，如表 15-5 所示。

表 15-5　用户生命周期各阶段的活跃特征和策略

用户生命周期阶段	活跃特征	产品运营策略
新手期	激活	引导新手、优化新客场景承接
成长期	持续活跃	加强用户关怀、优化产品体验、加强留存、培养忠诚度
成熟期	高活跃	提供增值服务、多元化服务、刺激活跃、促进转化、RFM 用户分类、提升用户付费或贡献价值
衰退期	低活跃	提供新功能、流失预警
流失期	失去活跃	用户召回

时间周期和用户留存并不能直接反映用户生命周期的各个阶段。在同一时间段内，由于每个用户对产品的使用频次和使用深度不同，所以每个用户进入生命周期的阶段也不同。例如，某产品的某批次新用户在 30 天后的留存率为 10%，这些用户在第 30天时所处的生命周期阶段以及从该阶段开始流失的数据分布情况如表 15-6 所示。虽然后续的留存率会持续降低，但由于用户存在错峰活跃，因此不能说明已经有 90% 用户流失。同时，用户流失也不都是在流失期才发生。

表 15-6　某批次用户在第 30 天时所处的生命周期阶段及从该阶段开始流失的数据分布情况

用户生命周期阶段	近期依旧活跃的用户占比	认为已经流失的用户占比
新手期	1.2%	20.5%
成长期	2.6%	25.3%
成熟期	11.9%	18.7%
衰退期	4.1%	9.3%
流失期	——	6.4%

15.8　用户体系

完整的用户体系可以帮助产品提升用户黏性，还可以引导用户对产品的价值产生认同感。用户体系促进用户积极完成任务，使用户为产品持续贡献内容或持续消费。这样就提升了用户忠诚度，最终大大提升用户价值。

用户体系主要通过精神激励和物质激励来促进用户使用产品，和提升用户参与商业活动的意愿。其中，精神激励包括个人虚拟形象、用户等级等，这些能给用户带来荣誉感；物质激励包括积分、金币等虚拟货币，可用于兑换现金或物品。用户的精神激励主要通过用户成长体系来实现，而物质激励通过用户激励体系来实现。

1. 用户成长体系

用户成长体系融合于用户生命周期模型的全链路，细化了在用户生命周期各阶段的实施策略，让用户在产品中获得归属感和荣誉感。用户成长体系有助于产品的品牌传播，进而实现产品价值的最大化。虽然不同业务设计的用户成长体系存在区别，但本质都是让用户在产品中留下成长轨迹，这就增加了用户的替换成本，使用户产生依赖。

例如，网络游戏产品通常会设置用户等级，用户从1级或青铜级开始升级，达到较高级别后，可以使用更多权益，解锁更多新娱乐场景。即使出现了相似的竞品游戏，用户也难以离开记录了成长轨迹的游戏。同理，健身或跑步软件产品也是类似的逻辑。它们记录了用户的运动和身体机能数据，建立了用户的成长机制，使用户难以替换。此外，内容型产品也一样，在用户发布文章、视频、评论、笔记等内容时，逐步提升用户等级和用户形象，进一步激发了用户创作内容的兴趣与动力。

用户成长体系中最重要的是用户等级体系，它在一些会员制付费产品中也被称为会员体系。用户等级体系是引导用户认识其自身价值的有效手段。付费产品中的用户活跃、付费及内容型产品中的用户创作等都会给用户带来经验值、成长值或成长积分，进而对应用户等级。用户等级越高，用户享受的权益越多，通常等级分布呈金字塔。中大型网络游戏由于玩法较多，用户等级较多，因此成长值要求也普遍较高。轻度产品通常设计的用户等级较少。

例如，某款内容社区产品只存在 16 个用户等级，用户成长值依据用户行为（登录、阅读、互动、付费）以及不同的成长权重系数设计。不同等级（Level，LV）所需成长值（Growth Value，GV）的数据模型如下。

$$GV = 863.1 \times LV^{1.814}$$

该模型为用户等级的幂函数模型，模型曲线如图 15-4 所示。此外，在一些用户等级较多的产品中，成长值也可能服从指数模型。

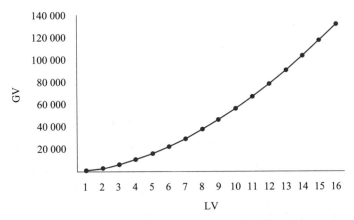

图 15-4　某款内容社区产品的成长值模型曲线

此外，比如某支付产品设定的会员分为 4 个等级：大众会员、黄金会员、铂金会员和钻石会员。每个等级对应不同的特权奖励和荣誉成就，刺激用户提高支付频次。某视频网站平台在普通会员等级之上还设置了大会员级别。大会员可以享受内容特权，比如新人礼包、付费内容免费看、新剧抢先看、高清视频画质；还可以享受装扮特权和身份特权，以展示用户个性以及尊贵感。

对于免费的资讯阅读类产品，我们通常会设计多个用户等级，以满足多种多样的用户需求。例如，某款免费的移动资讯产品划分了 10 个用户等级，用户等级的提升主要依靠用户的登录、签到和阅读。以某个等级为例进行说明，Level-4 除了需要对应的成长值积分达标，还需要用户连续一周登录并每天阅读一定的时长。Level-4 用户可以享受等级权益，例如身份形象标识、更高的金币奖励系数，从而满足用户的荣誉感，促进用户留存和活跃。

对于 Level-7 高级别用户，由于用户活跃度很高，此时主要的目标是刺激用户贡献价值。对于该级别的用户，升级侧重于商业变现。用户等级的划分还有助于对用户进行分类区分，从而采取不同的运营策略，维护和提升核心用户价值。

用户等级体系增强了用户黏性。除了精神激励能够刺激用户成长，我们还会给予用户物质奖励，以增加用户的升级动力。

2. 用户激励体系

用户激励体系是促进用户活跃、帮助用户成长的量化手段。该体系通过让用户完成指定任务获取积分、金币、虚拟货币等现金等值物来培养用户的使用习惯。

激励体系涉及的用户任务系统中通常包括新手任务、签到、晒收入、唤醒好友、抽奖等日常任务，还有裂变分享、邀请好友等拉新任务，阅读、内容创作等活跃任务，以及排名排行等比赛任务。所有任务均可获得不同程度的积分或金币奖励。用户任务系统的作用是刺激用户活跃，引导用户持续留存，提升用户忠诚度。用户等级体系与用户任务系统存在深度关联。

在搭建用户激励体系时，我们需要结合用户的不同行为特征进行设计。在考虑权重系数时，我们可以加大对用户期望行为的权重。比如某移动资讯产品的普通用户激励方式如表 15-7 所示，现金对金币的汇率为 1∶10 000，用户完成日常任务和分享裂变都存在对应的奖励。用户获得的物质激励通常与积分商城、金币提现等绑定，兑换系数一般根据营收数据和用户参与情况进行调整优化。该款产品也会按照创作文章数进行奖励，以及原创翻倍奖励等方式进行激励。这些激励方式很符合用户需求，帮助产品在半年内完成了日活翻倍的目标。

表 15-7　某款移动资讯产品的普通用户激励方式

用户行为	金币奖励	说明
新用户注册	10 000	每个绑定的设备上限一次
新手任务收益	5 000	
拉新一个有效新注册用户的奖励	50 000	
日常签到、开宝箱等	100	
唤醒好友	300	每天上限 1 次
平均阅读一篇文章的获得收益	100	人均每天阅读文章篇数在 10 篇左右
每天阅读文章获得奖励上限	3 000	声明无上限，但实际有控制

（续）

用户行为	金币奖励	说明
阅读时长奖励	100	每间隔 10min
分享文章的每次收益	100	每天上限 2 次
晒收入图片或链接的每次收益	200	每天上限 1 次
评论文章的每次收益	150	每天上限 2 次
徒弟有效阅读一篇文章贡献给师父的收益	100	每日阅读贡献给师父的金额上限为 2 000

15.9　病毒式裂变体系

病毒式裂变弥补了买量获客这种中心化市场营销方式的不足，利用去中心化用户间的信任关系，将每个用户都变成传播节点，从而快速扩大产品的用户规模，并获得很高的边际效益。病毒式裂变体系可以有效地实现用户自增长，同时实现新用户的精准获取和低成本获取。在产品运营中，我们需要在各种场景中布局分享裂变入口。

要打造一个病毒式裂变体系，我们需要设计两种驱动机制：精神激励和物质激励，从用户的情感和利益出发，通过荣誉勋章、游戏、邀请问答、分享红包、抽奖等方式实施裂变。

针对不同产品，我们重点考虑的分享裂变场景不一样，比如，针对电商产品，通常采用砍价、团购优惠、拉新优惠等方式让用户得到实惠；针对内容型、工具型或情感型产品，通过星座分析、性格测试等身份认同的方式进行分享裂变；针对游戏产品，通过荣誉勋章成就、等级炫耀等方式进行分享裂变；针对网赚产品，采用让用户晒赚钱收入的方式。

所有分享的动力来自产品能够满足用户的情感表达、赚钱或省钱需求。通过物质激励方式能使用户快速裂变，但会导致业务预算大幅增加，同时用户体验并不一定如数据表现那样好。因此，我们要综合运用用户心理因素，比如，利用用户真实的喜爱、求助、给用户的利益让用户觉得有压迫感、害怕失去或错过等来提升裂变效应。

除了利用多个平台触达用户，裂变体系中针对用户的操作要秉持"简便快速"的原则。结合场景特征，无论通过文字链接、海报图片、小程序、公众号还是面对面扫码等途径，都需要让用户分享操作简单，门槛低，不存在任何压力，能够快速将利益点分享出来。

某款答题游戏产品在多个入口优化了分享动作，这样用户可以通过一键式操作将海报分享给好友。小流量测试后再导入全部流量。最终，用户分享率大幅提升，周期内转化效果明显，具体数据如表 15-8 所示。

表 15-8　分享动作优化后的数据表现

指标	数值
DAU 分享率	21.9%
分享到微信群占比	49.5%
点对点分享占比	15.7%
分享方式（求助）占比	72.4%
分享方式（炫耀）占比	20.5%
分享方式（开宝箱）占比	7.1%
周期内的裂变 K 系数	0.58

某款移动资讯产品设计了新的用户持续分享策略，引导新手

在一周内连续 7 天不间断分享，通过给予用户荣誉特权和适当的金币激励，成功激发了新用户的分享行为。虽然 7 天内分享用户数逐渐减少，但第 7 天时仍有超过 6.1% 的用户坚持分享了整整一周。随着时间的推移，用户裂变收徒的数量稳定下降，但同批次裂变的长尾效应较好。

此外，需要注意的是，创新业务在不同阶段对裂变体系的要求也存在差别。当产品还处于早期 MVP 版本，没有完全解决用户痛点时，产品运营的重点在于调整优化，完善核心功能，而不是马上进行裂变激励。

从数据角度看，反映裂变效果主要是裂变 K 系数和裂变时间周期。但它们是一种结果指标，不能反映用户的产品体验。我们还可以使用净推荐分值（Net Promoter Score，NPS）作为评估用户分享和推荐产品的意愿度。NPS 是一种计量用户将会向其他人推荐产品服务可能性的指标，通常用于 B 端业务，也可以变通使用在 C 端业务。即使 C 端业务存在分享率指标可以监控，但是 NPS 更为准确。NPS 属于裂变结果的前置指标。用户觉得产品好，才会愿意分享，最后才会引发裂变。

NPS 通常采用调查问卷的方式，询问用户向好友推荐产品的意愿度，分数设定为 0 ~ 10 分，0 ~ 6 分表示不推荐，7 ~ 8 分不参与 NPS 计算，9 ~ 10 分代表用户愿意推荐产品。假设推荐用户数占比 Y、不推荐用户数占比 N、参与调研返回有效分数的用户数占比 T，NPS 的计算公式如下：

$$NPS = (Y - N) / T \times 100$$

NPS 达到 30 分即认为用户推荐的意愿度良好，超过 70 分属于优秀级别。

NPS 可以从用户角度相对客观地反映创新产品与市场需求的匹配度，也就是 PMF 的程度。表 15-9 展示了一些示例产品的 NPS 数据。可以发现，该款网赚产品由于能够很好地满足用户赚零花钱的需求，而且能够快速提现，所以该产品的 NPS 分数达到了优秀级别。最终，该网赚产品的裂变效果也非常好。

与此不同，表 15-9 中的短视频应用由于功能同质化严重，而且市场存在马太效应，头部产品已经形成很大的规模。因此，用户对该产品的 NPS 评分较低。该款短视频应用的分享裂变效果也较差，用户增长已经停滞。

表 15-9　示例产品的 NPS 数据

产品	Y	N	T	NPS 值
某款网赚产品	83.2%	10.7%	100%	72.5
某款移动资讯应用	59.0%	20.1%	98.2%	39.6
某款短视频应用	48.5%	33.1%	99.0%	15.6

15.10　控制过度优化

《四步创业法》的作者提醒创业公司不要做一些事情，包括不要尽可能多地列出用户想要的产品功能。正如《精益创业》一书所说，"初创企业不会饿死，而会饱死。"这句话的意思是产品上线后，总会有无数想法想让产品变得更好，但现实是残酷的，大多数想法带来的改变微乎其微，只能算是一个产品细节优化而已。创新项目的资源是有限的，在早期项目启动时，任何经过证实无法获得重大认知的产品实验都是潜在的资源浪费，这就要求将创新项目的关注点放在确保方向正确，且可以衡量的改变上。

产品的宣传口号应该尽量简单明了，获客的营销点也应该言简意赅。在引发裂变的海报或分享标题上，应该用最简洁的话语讲述最精彩的部分，以快速吸引用户，并让用户在很短的时间内明白自己通过该产品服务能够获得什么。产品中的关键路径或核心行为链路需要集中，过多的策略会分散用户的注意力，使用户的精力无法集中，从而对转化率和用户价值产生负面影响。

市面上一些产品一上线就具备了很丰富的功能，各项功能在数据指标上存在一定程度的美化。于是，很多产品自认为能够且已经抓住了用户的所有需求。这种过于顶层设计的产品，并不符合精益创业的理念，没有让产品在用户的需求更新和持续反馈中优化。这样会导致我们对用户隐性且长期的需求较难洞察，反而会掩盖创新机会。在业务发展中，我们需要抓住产品所处生命周期阶段的关键数据指标，并依据切实提升目标指标的原则，来控制产品改动以及是否投入资源，避免在细节上过度优化。

15.11 区分产品所处的生命周期阶段

在产品的发展期，产品功能一般都能够匹配用户需求预期。通过精细化的用户洞察分析和运营分析，我们所采取的策略通常能够较好地刺激业务增长。然而，在产品生命周期的后期，一些关键数据指标如 DAU、留存率等难以增长或保持，存在逐步缓慢下跌的现象。同时，在保证投入稳定的情况下，业务的发展让人陷入无力感，可能会感觉束手无策。这一点在产品后期阶段会感受明显，一些其他重要数据指标也随之下降。

这个情况发生的最重要的原因在于，市场环境和用户体验发生了变化。随着产品功能的延伸，产品的核心功能在当前的市场中已经显得有些"落伍"，逐步无法满足用户需求。而产品的新功能又无法匹配当前市场下的用户预期。从数据指标上看，通常表现为 DAU 持续缓慢下跌，新用户的次日留存、7 日留存和 30 日留存等关键留存率也呈持续下跌趋势。这时，我们首先需要分析产品外围因素，比如大型节日、竞争对手的运营变化、社会热点等是否是影响数据指标下降的关键原因。其次，我们还需要分析是否存在改版、改版后的触达面是否改变、运营策略是否不匹配等特殊情况。在确定产品生命周期后期的数据指标下降不是以上临时策略导致的后，需要进行进一步分析。

针对 DAU 持续缓慢下降的问题，我们可以依据 DAU 的用户构成进行日活分层分析，选取持续阴跌的时间周期的稳定数据，查验和拆解用户维度数据。首先，DAU 可以区分为新老用户，所以需要先统计 DNU 以及 DNU/DAU 占比的变化程度，判断新用户的活跃量是否大幅下降。如果新用户下降较多，我们需要按照渠道追查。在老用户层面，我们需要按照用户属性，比如渠道来源、用户性别、年龄段、版本号、手机系统类型、手机设备型号、地域等进行拆解。每个组合维度都需要计算影响系数或占比，并与前一期数据进行对比，查看哪个维度下数据下降最多、影响最大。由于是持续阴跌，用户流失是需要重点分析的。

除了按照用户属性分层分群分析数据，我们还需要重点对产品的各页面功能进行分析，包括重点页面的跳出率、重点页面的日活变化，找到流失贡献率最大的用户群体、页面功能，以便在获客端进行推广优化，并进行用户召回，评估召回效果。

表 15-10 为某款产品 DAU 分层的占比数据对比。为方便起见，这里只选取 3 个用户维度进行比较。可以发现，年龄在 36～45 岁的老用户的流失较多，这部分用户在 DAU 构成中的比重最大。另外，由于当前周期的总 DAU 数量相对前周期的数量在减小，一些分层的占比数据虽然是正比变化，但实际上各分层的用户数量都在相对减小。如果在升级新版本后，重点用户群的流失加快，那么需要评估老用户是否不太适应新功能而放弃使用产品。从升级前后用户群活跃频次和时长上可以发现，若降低幅度较大，说明这类用户群确实流失了。

表 15-10　某款产品 DAU 分层的占比数据对比

DAU 分层构成	前周期占比	当前周期占比	占比变化
DNU	2.1%	1.8%	−0.3%
老用户，男，年龄 25 岁及以下	8.1%	9.0%	0.9%
老用户，女，年龄 25 岁及以下	7.9%	8.9%	1.0%
老用户，男，年龄 26～35 岁	9.3%	9.4%	0.1%
老用户，女，年龄 26～35 岁	9.4%	9.5%	0.1%
老用户，男，年龄 36～45 岁	13.3%	12.2%	−1.1%
老用户，女，年龄 36～45 岁	13.1%	11.7%	−1.4%
老用户，男，年龄 46～55 岁	12.9%	12.8%	−0.1%
老用户，女，年龄 46～55 岁	12.7%	12.6%	−0.1%
老用户，男，年龄大于 55 岁	5.5%	6.1%	0.6%
老用户，女，年龄大于 55 岁	5.7%	6.0%	0.3%

同理，如果新用户的留存率持续下降，我们需要首先找到多个关键节点，按照渠道拆分它们的留存率，评估整体渠道的留存

率下降幅度，以及各渠道的留存率下降贡献度。通常情况下，主流渠道的用户质量会随着放量后的增长而逐渐下降。其次，用户分群、分层分析也是必要的。

按照用户画像，分析新用户在一段时间内的活跃情况。如果产品主流用户群的留存率也在下降，这基本上反映了产品的黏性下降。当产品大概率处于衰退期时，常见的应对策略包括流失用户召回、加大用户激励和产品改版等。产品改版时，我们需要对重点用户群进行需求调研，结合热点功能来改版，以小流量上线验证关键数据指标后再全量放开。

市面上某款陌生人社交产品已经上线很久，但是市场环境和用户需求都发生了变化。该产品的 DAU 持续缓慢下降，产品的黏性也逐步降低。通过数据分析，我们获得了以下信息：产品的主营业务收入不是用户付费，而是广告；产品社交功能与娱乐功能的分离度不够，娱乐板块过重，影响了产品的社交定位。

由于商业化的考虑，一些重要页面融合了娱乐功能，这导致产品的改版和转型比较困难。同时，产品的社区、圈子等强社交属性不明显，社交深度不够，主要功能是单人聊天。通过用户行为路径分析，我们发现产品的一些小操作比如切换、回退并没有做到用户最短路径，这损耗了用户的耐心。通过用户画像分析，我们也发现主流用户群体可能为中年等年龄较大的群体，而非年轻人，这会导致新用户难以持续大幅补充。

总体来看，相较于大部分竞品，该产品的功能没有特色，也不存在具备竞争优势的服务。随着用户对此产品的体验时间增加，用户的兴趣度衰减严重，产品已经处于产品生命周期的后期

（即衰退期）。对于此阶段产品，优化建议主要包括：实施不同的用户运营策略以阻止用户流失；增加新功能和社交深度；提升社区的活跃度以提高 ARPU。

由于产品主流用户群与所期望的产品定位存在较大差异，更长期的战略是进行产品改版和规划，针对主流用户群推出匹配潮流的功能以及新的社交玩法，增加产品的可玩度，将商业化从依赖广告收入转向用户付费。

第 16 章 | C H A P T E R

商业变现优化

　　用户流量的商业变现决定了业务能够支出的最大获客成本，进而决定了业务规模。事实上，对于任何商业模式，我们都需要进行反向思考：商业变现能否达到预期，决定了商业模式能否成立。商业变现的核心在于提升变现水平。从数据角度看，提升变现水平就是提升 ARPU 指标。

　　互联网流量的商业变现方式多种多样，但对于用户而言，仅有付费和免费之分。付费产品为用户提供了商品或服务，从中赚取利润。付费业务模式包括付费软件、电商购物、知识教育、游戏、金融服务等。免费产品主要依靠第三方收入，例如通过售卖流量进行广告变现。很多互联网产品还会结合多种方式进行流量变现，比如融合广告变现、电商直播带货收取佣金等。

日活规模大、用户深度使用、使用时间长的大多数产品是免费产品。免费产品通常在特定位置增加广告位进行产品售卖。广告类型包括信息流、开屏、插屏、贴片广告、横幅 Banner、激励视频广告、互动广告等。大多数产品接入第三方广告联盟，此时免费产品的角色就是流量主，第三方广告联盟相当于连接了流量主和广告主的平台。第三方广告联盟会基于广告主的需求和流量的画像，自动竞价获得在流量主的广告曝光机会，帮助售卖广告主的品牌广告或效果广告。有一些企业在后期流量规模做大后，也会自建 DSP 进行流量自营。

付费产品必须存在核心价值，能够刺激用户消费或付费投入。电商业务需要拥有品类齐全、价格和质量满足用户需求的特点。付费产品需要解决更多的用户痛点。比如，游戏产品需要为用户提供持续的快乐，引导用户付费；金融产品能够帮助用户赚钱，从而让用户持续投入。

免费产品需要在不影响用户体验的情况下，曝光更多有效的广告，以最大化变现能力。同等条件下，如果要展示更多的广告，就需要让从广告请求到广告曝光路径中的广告填充率更高。此外，广告的点击率和转化率也需要更高，这样广告价格 CPM 才能有所提升。

对于基于广告变现的商业模式来说，提升广告变现的关键在于提高广告价格、点击率和转化率指标。虽然广告的素材、样式和场景也是关键因素，但是不论第三方广告联盟还是自营 DSP，同等条件下广告的点击和转化效果越好，广告价格就越高。从点击率和转化率两个维度来看，高点击率、高转化率的广告说明广告与用户当前的状态匹配度高，用户对于广告体验比较满意。低点击率但是高转化率，说明人群受众画像比较符合，需要优化广告创意、素材和推广方式，以吸引更多用户。高点击率但低转化率，说明广告布局的场景以及推广素材都很吸引人，但是广告内容与用户的需求存在较大差异，需要优化人群定向。产品中广告位的设置和布局需要避免低点击率和低转化率的广告效果，因为收益低的同时还会影响用户体验。

对于付费产品，基于对用户的深度理解，我们可以从长、高、宽3个角度来提升用户付费水平。"长"就是让更多的用户产生购买、付费、充值等动作，提升整体用户的付费转化率。"高"就是提升客单价，基于用户分层或者会员制运营策略，提高核心用户的订单价格和购买频次。"宽"就是为目标用户群体提供更多的增值服务，触达更多用户，最终提升业务整体的收入。

16.1 提升变现水平的广告路由策略

合理且高效地利用流量，才能最大化流量收益。依靠广告变现的免费产品通常利用 Waterfall（瀑布流）来填充广告，集成多家广告联盟平台来确保广告填充率和提升收益。由于市场上存在不同的第三方广告联盟，各广告联盟的广告主对广告样式的要求不同，推广预算也不同，因此同一时间的广告填充率不一。

Waterfall 是一种请求广告的技术逻辑，按照广告价格 CPM 从高到低的顺序请求各广告联盟的广告。当第一个广告联盟返回广告时，请求结束并直接曝光广告；当第一个广告联盟不返回广告时，请求第二个广告联盟，依此类推。

表 16-1 展示了基于 Waterfall 广告请求逻辑的数据对比。基于 Waterfall，产品会优先请求广告联盟 A 的广告，广告联盟 A 能够填充 50% 的广告请求，剩余未填充的广告请求将请求广告联盟 B。假设其中有 5% 的广告请求无法填充，最终通过 Waterfall 获得的广告收益最高。Waterfall 在提升广告填充率的同时也提升了变现收益。

表 16-1　基于 Waterfall 广告请求逻辑的数据对比

广告请求	CPM（元）	广告填充率	每千次广告请求收益（元）
广告联盟 A	20	50%	10
广告联盟 B	15	80%	12
Waterfall	—	95%	16.75

需要注意的是，Waterfall 也存在收益和效率方面的不足。Waterfall 按照优先级顺序依次请求不同广告联盟的广告，请求优先级基于历史平均 CPM 从高到低排序。CPM 高、广告填充效果好的广告联盟一般是第一优先级。然而，在请求某些广告时，历史平均 CPM 无法反映当前时刻的变化，可能导致优先级在后面的广告价格反而更高，从而导致总体广告收益未能最大化。此外，广告请求是串行的，这会增加广告请求到曝光的耗时，每次请求耗时在 100ms 以上。上一优先级广告联盟没有返回广告时，会继续请求下一个广告联盟。这可能导致广告曝光超时，无法展示广告。

近年来，Bidding 技术弥补了 Waterfall 的一些不足。例如，Bidding 技术通过对各广告联盟平台的 CPM 进行实时排序，可以更准确地选择价格高的竞价广告，从而有效提升广告收益。

通常情况下，当产品的流量规模足够大时，DAU 规模至少达到千万或日均广告曝光 PV 上亿，我们可以考虑自营广告系统。自营广告系统直接连接广告主和自有流量池，通过算法进一步提升广告变现能力。

16.2 提升付费水平

用户付费形式主要包括购买商品、会员充值、游戏充值、资产投资等。对于付费产品，提升用户付费水平的重点在于提升付费率和客单价。也就是说，尽量让更多的用户付费，以及让付费用户为更多的增值服务付费，代表这两者的数据指标主要是 PUR 和 ARPPU。提升产品的价值和竞争力、提升用户体验、优化售后服务等，当然能够吸引用户购买或付费，但这属于长期战略，是需要持续完善的。

提升用户的活跃度是刺激用户付费转化的前提。用户越忠诚，活跃度越高。用户体系、用户等级、会员体系以及针对 VIP 用户的维护管理都能够培养用户的忠诚度，以便维系用户的长期稳定。

要提高付费率，首先需要在产品设计上考虑简化付费路径。我们需要在各主要页面和关键路径上设计快速通往支付的入口，让付费路径清晰可见，避免用户在支付中途卡顿。刺激新用户付费也是提高付费率的关键。对于新用户，通常会采用新人特价、首充特惠等措施来吸引他们首次付费。新用户的首次付费或首次充值是一个非常重要的事件。我们可以通过数据分析来确定整个用户群体的高频事件，利用高频事件快速引导新用户或没有付款意愿的用户接触产品的核心价值，产生购买意愿。

对于会员制付费产品，通常为新用户提供短期的免费体验期。例如，为用户免费开通一周的体验卡，用户在体验期内可以先试用产品。当用户感受到产品的核心价值并对服务感到满意，在试用期结束后，该新用户会主动续费。一些会员制付费产品利用自动续费功能提升用户付费率，但可能存在随意扣费的情形，会严重影响用户体验。

产品策略通常结合 BMAT 模型，帮助用户突破行为触发临界点并发生付费行为。例如，对于直播业务，如果用户一旦关注多名兴趣主播，该类用户的付费意愿最强，通常会发生付费行为。因此，很多产品在新用户注册后的一段时间内经常提示用户一键关注众多兴趣主播。大部分会员制付费产品现在会采用联合会员的方式刺激用户转化，也有助于提升用户付费率。

用户运营是提升付费率和客单价的主要方式，手段包括限时折扣、消费满减、打折优惠、消费或充值返利等，以提高 ARPPU 和付费率，特别是在节假日期间。同时，我们还可以依据 RFM 模型对用户进行分层运营，制定不同类型用户的付费策略。精细化运营方式能够提高用户的复购率，培养用户付费习惯。对于老用户，除了日常的维系和激励，用户裂变也能够刺激付费转化。通过对推广员进行一定的裂变激励，在刺激老用户带新用户的同时，推广员对产品的口碑传播和推介力度有很强的正向作用。

通过对不同路径的付费转化进行分析，我们可针对用户转化流失严重的场景实施运营策略。若付费转化数据一直上不去，此时我们需要评估流量的精准度，深入分析用户画像。市场营销也是提升付费转化的重要途径。我们可按照付费用户画像制定适配的市场推广策略，同时依据不同渠道的付费转化情况，对优质渠道加大预算投入。比如，通过对付费用户画像的分析，发现某产品 69.2% 的营收来自年轻女性，那么在推广获客时，精准的用户定向对提升用户群体的付费水平也至关重要。

16.3 反作弊

商业变现优化的核心不仅是提升变现水平，还要降低成本，避免无效的业务支出。无效的业务支出主要体现在虚假流量上。有关研究显示，移动互联网数字广告营销中存在大量虚假流量，例如广告营销时的虚假搜索 / 曝光 / 点击、市场获客时的渠道商导入大量无效新用户刷量、运营活动中"羊毛党"的刷金币 / 刷礼品 / 刷单、虚假设备或模拟机模仿用户行为自动刷日常任务等。这些行为遍布于电商业务、移动资讯、短视频、社交平台、直播平台、大型游戏和金融业务等场景。作弊行为千差万别，对业务的危害巨大，不仅影响产品用户群体定向的精准度，还花费了不必要的支出，间接降低了变现水平。因此，对于流量型产品，我们需要考虑使用适配业务特性的反作弊平台。

市面上有很多第三方反作弊平台供产品接入和使用。这类第三方反作弊平台主要是对流量的真实性和唯一性进行全网检验，从用户设备信息（如用户 ID、IP、MAC）是否篡改、Cookie 等通用口径对作弊用户进行识别，侧重解决注册设备"一机多号"等问题。涉及产品业务逻辑的作弊通常更为复杂，需要结合业务场景详细分析。

金融产品的作弊侧重支付和资金方面。金融产品的反作弊工作，除了针对渠道推广，还包括风控场景。由于网络借贷平台的信息不共享，作弊用户故意欺诈骗贷的情况很多，风控模型一般会通过丰富的用户信息和准确的算法来提升作弊用户的识别概率。用户地域、手机号特征、所属运营商等信息是常见的特征信息。例如，在某款金融产品的用户风控分析中，借款用户有手机号属于虚拟运营商、手机设备上一次插卡的电信运营商为海外运营商等特征，作弊概率偏高。分析作弊用户的高概率特征是提高金融反作弊模型识别准确率的关键。

游戏产品中的作弊涉及网络游戏安全和公平性等方面，是导致游戏用户流失的主要原因，也成为网络游戏持续发展的重要障碍。游戏中的作弊主要是指外挂，即玩家使用外挂工具获得正常玩家无法在短时间内获得的游戏效果。外挂工具是一种游戏外部辅助程序，用于协助玩家自动发生游戏动作，通过输入模拟、修改网络数据包和修改内存数据等方式实现作弊。

移动互联网产品中网赚产品、移动资讯产品和电商产品等的反作弊手段，与金融和游戏产品的反作弊手段存在较大差别。在广告营销场景，我们可以设置反作弊规则以检测点击率。为了获得额外收益，许多渠道平台会模拟点击广告，因此常见的反作弊手段是对广告点击率设置阈值。例如，列表页的文字信息流的点击率通常不超过5%。如果点击率超出此阈值，该渠道存在作弊的可能性较高。此外，对于刷任务或者刷广告点击，通常也会应用类似规则。

随着互联网产品新形态的发展，越来越多的产品具备网赚属性。这类产品的日活规模很大，大批用户的目的是赚钱，用户每日会从平台提现，其中存在很多虚假用户。实施反作弊规则来识别虚假用户，也就成为针对这类产品的重要工作。这种深度结合业务的反作弊手段主要从用户的静态信息（比如设备信息等）和动态信息（比如活跃行为等）进行特征分析，获取可以进行策略应用的规则。随着人工核验和用户量的增多，识别出的作弊用户数量也越来越多，我们把这些作弊用户称为作弊用户集。于是，我们可以将作弊用户集作为样本和标签形成训练集和测试集，结合有效特征，采用有监督的机器学习算法进行反作弊数据模型设计。

在作弊分析时，对用户各种特征变量或指标进行单维度或组合维度分析，可以发现一些明显异常的数据。如表 16-2 所示，通过对用户注册 IP 的分析发现了一些异常情况。在某个 IP 上，80.3% 的用户已经确认作弊，那么该 IP 上其他未识别的用户的作弊概率很大。通过其他信息的确认后，可以认为该 IP 上均为作弊用户。对于注册 IP 前 3 段和 WiFi MAC 地址，我们也可以通过数据分析来设定作弊阈值。也就是说，各种特征需要结合自有属性进行数量和占比上的阈值考量。例如，同一个 WiFi MAC 地址下超过 100 个用户设备或同一个 IP 下超过 30 个用户，这种同一个网络设备下用户密度高属于异常情况，作弊概率更高一些。

表 16-2　不同特征下的用户数据

特征	用户数	已识别作弊用户数	作弊用户占比
完整 IP	61	49	80.3%
注册 IP 前 3 段	1 637	1 495	91.3%
WiFi MAC 地址	132	92	69.7%

　　用户的师徒关系特征也可以用于数据建模，比如判断用户的师父是否在作弊名单中、用户的徒弟数量、徒弟最近活跃的 WiFi MAC 地址是否显示 WNF（WiFi Not Found）以及徒弟的注册行为、提现行为等。从徒弟的注册 WiFi MAC 地址看，绝大多数作弊用户的徒弟的 WNF 占比都很高。类似地，如果徒弟数量很多，且手机号为虚拟运营商的占比大于 50%，那么此用户作弊的可能性非常大。从用户提现特征角度分析，用户账户金币一旦积累到提现门槛就会提现，而且申请提现次数越多，作弊的概率也越大。

　　指标控制在识别作弊用户时显得尤为重要。我们需要在确保误伤率很小的同时，获得作弊用户高准确率。从用户体验的角度出发，将普通用户误识别为作弊用户会给用户造成更大的伤害。在模型评估时，我们需要关注真阳率（True Positive Rate，TPR）和假阳率（False Positive Rate，FPR）这两个重要指标，即真正为作弊用户的识别准确率越高越好，同时将普通用户识别为作弊用户的概率越低越好。在保证 FPR 非常小的情况下，尽可能提升 TPR。

　　作弊用户通常活跃度高，对商业变现收入有一定影响。不同业务在产品运营不同阶段需要采用的应对策略可能有所差别，需要重点考虑。

|第 17 章| C H A P T E R

决策分析原则

正如华尔街投资高手、桥水基金创始人 Ray Dalio 在《原则》中阐述的，遵守众多的投资原则可以帮助投资者以系统化的方式决策投资行为。新业务、新项目、新产品创业艰难，成熟业务的持续增长之路同样充满坎坷。决策者、创业者和管理者也需要遵循一定的决策分析原则来思考商业决策，以应对业务发生的变化。

17.1　顺势而为

绝大多数创新项目的成功遵循了当时的发展趋势。顺应趋势包括顺应行业和产业的发展趋势、顺应用户需求的变化趋势和顺应创新模式的变化趋势。

顺应行业和产业的发展趋势是指决策者、创业者和管理者看清宏观趋势，了解计划进入的行业当前是否处于上升期。通常，发展型行业在早期存在巨大的红利。挖掘和介入新兴行业或主流行业中存在共识的机会，业务取得成功的概率更高。选择合适的行业，才能事半功倍。

选择行业需要指向更细分的业务赛道。在启动业务之前，我们应进行充分的调研和行业发展评估，制定当前能够考虑到的长期业务战略。对于新兴行业，行业早期机会成本高，但是红利期长，创业者存在弯道超车的机会。对于成熟行业，人们对事物已经有相对充分的认识，能够从很多地方获得有价值的经验，存在市场竞争激烈的可能性，新业务较难有大的发展机会，也更考验决策者和创业者对业务的精细化运营和管理水平。

顺应用户需求的变化趋势是指随着互联网人群的更新迭代，整个用户群在物质需求和精神需求上都会发生较大的变化。对于创新业务，我们应该重点考虑耕耘细分人群的垂直需求，而不是做互联网早期的“大一统”平台。不同用户群的需求在深度和广度上都存在较大差异，用户存在不同的痛点、痒点和爽点需求，这为创新业务的发展带来了巨大机遇。这些都需要创业者适应用户需求的变化，找准业务方向和定位。

顺应创新模式的变化趋势是指新业务、新项目、新产品的管理按照精益创业的模式来推进，通过 MVP 来验证用户需求，反复验证，快速迭代。创业模式的变化对创新项目的战略定位和竞争壁垒提出更多要求。在业务启动之前，要进行充分调研和评估，弄清楚创新项目的战略定位，比如是做"短平快"马上可以盈利但是产品生命生命周期不长的流量型业务，还是做持续性的、市场空间很大、行业有待发展壮大的战略型业务。

不同的战略有不同的优缺点，做战略型业务，周期长，资金开支大，不确定性高；做流量型业务，用户群体不聚焦，后续业务转化率低。设定业务战略时，产品的竞争目标是我们需要重点思考的。我们需要确定产品的竞争目标到底是模仿、微创新，还是做具备壁垒的大创新。如果已经存在竞品且竞品体量稍大，产品壁垒不够坚固，通常进行微创新显得意义不大，只有创新出能够极大提升效率、提升用户体验或大幅降低成本的商业模式或技术方案，才能获得持续发展。

在创新项目启动之前，任何决策者和创业者都需要明确自己的资源优势和不足，不能用战术上的勤奋来掩盖战略上的懒惰，必须看清发展形势并顺势而为。

17.2　及时中止

产品上线后，项目按照既定孵化机制向前推进。经过多次迭代和验证，我们可能会发现一些关键的业务难点，比如用户留存率不佳或者 ARPU 不达标。首先，需要对产品逻辑进行复盘，确定是否存在种子用户精准度问题。我们可以通过画像、回访或调研来判断，如果确定不是种子用户精准度问题，就需要评估产品需求与用户的匹配度。需求是从用户角度提炼的，而不是以产品人员或负责人的视角由上至下自行设计。如果是早期用户的纯度问题，我们需要在获客导量时特别注意，对种子用户和扩量的新增用户的人群定向设置相对严格一些，避免非目标用户干扰优化方向。

通常情况下，在产品上线时，我们就会提供核心功能给用户。经过对一定规模目标用户的留存验证后，如果留存率依然与目标差距很远，同时已经确定产品 MVP 版本在广度和深度上均提供了核心功能和服务，那么该产品可能需要及早中止。

此外，许多产品上线后，用户留存率良好，甚至超出了预期。然而，这可能是因为这些产品没有加入广告或付费等商业化模块，没有考虑商业化方面，因此相关数据指标无法真实反映产品价值，容易对业务形势产生误判。

对于没有考虑商业化的产品，仅看相关核心数据指标，反而不利于项目评估。实际上，在产品上线早期，最好的方式是加入商业化变现的核心功能，以便客观评估各项指标。商业化变现水平（例如 ARPU）直接决定了是否可以大规模买量以扩大用户规模。如果 ARPU 很低，经过多次迭代优化后仍然离目标有差距，同时也影响了用户价值，导致单用户 LTV 远不能与获客成本持平，此时我们应该及时中止项目。

表 17-1 展示了 3 款及时中止的创新产品数据。可以看出，尽管网赚产品 A 的变现水平相对于同类产品来说还算不错，但是一旦尝试提升 ARPU，留存率就会显著下降，始终无法突破。在业务稳健期，单用户 LTV 仍低于平均获客成本 23.6%，而且用户规模不大，最终及时中止了该项目。社交产品 B 自上线以来，留存率一直很低，各种改版优化均无法提升。尽管单用户 LTV 与平均获客成本的差距幅度不大，但是在用户规模扩大、留存被进一步稀释时，该项目最终关闭了。工具软件 C 的问题关键在

于变现，由于所提供的功能单一、业务深度不够，用户变现水平
无法提升，且收支差距幅度较大。综合评估后，该项目也及时中
止了。

表 17-1　指标差异评估示例

数据指标	网赚产品 A	社交产品 B	工具软件 C
次日留存	29.4%	15.3%	40%
ARPU（元）	0.7	2.1	0.08
单用户 LTV 与平均获客成本的差距幅度	−23.6%	−13.5%	−45.1%

在开展业务过程中，我们需要密切关注市场变化。一旦市
场发生突变，业务的商业链路就会中断，关键指标的变化幅度也
会很大。此时，我们需要评估这种变化对业务的短期或长期影
响。无论监管政策还是经济环境改变，都可能引发关乎业务生命
的"黑天鹅"事件。一旦出现这种情况，及时中止业务是非常重
要的。

17.3　分析之道

在当今数字化时代，数据分析已经成为商业决策和战略规划
时不可或缺的一部分。作为一种重要的思维方式，数据分析涉及
多种技能和知识领域，包括数据处理、统计学、机器学习、数据
可视化等。而在这些技能和知识领域中，数据分析思维方式是关
键。这种思维方式不仅可以帮助我们更好地理解数据，还可以帮
助我们更好地理解业务问题和市场趋势，发现机会和问题，并提
供可靠的数据支持，以便制定更好的商业决策。

数据分析思维贯穿于整个商业体系和业务链路。通过数据分析，决策者和创业者可以更通透地理解客观事物的背后，有助于消除创新过程中的信息差和认知差。虽然针对不同业务和不同分析目的，存在不同的数据分析方法和逻辑，但是数据分析的终极目标是赋能业务，指导制定最优决策。在分析问题时，我们通常运用MECE（Mutually Exclusive Collectively Exhaustive，相互独立，完全穷尽）分析法则，明确问题的边界，结合数据分析思维，依据问题和指标逐步向下拆分，不留遗漏，最终找到问题所在，并提出解决办法。

数据分析思维包括业务思维、结构化思维、量化思维和实验思维等，应用于整个业务过程。

1. 业务思维

我们需要融合进业务链路，把"后见之明"转化为"先见之明"，即从信息和数据中分析"发生了什么"及发生的原因，以便在后续业务中提前预防类似问题发生，做到心中有数。

2. 结构化思维

在数据分析中，逻辑要非常严密。虽然数据呈现的结果排列有序，但我们不能以数据结果来替代思考。相反，我们需要使用结构化思维来更好地发现和解决问题。结构化思维是一种系统性的思考方式，有助于我们在不同的业务场景中深入挖掘问题，更快地洞察问题，并从中获取更多洞见。结构化思维还可以帮助我们更好地组织和表达想法，使我们的分析更加清晰和有说服力。

3. 量化思维

在商业运营中，量化思维是非常重要的。对于业务中的较大改动或变化，我们需要进行成本和收益的量化评估。这样可以更好地决策并降低潜在的风险。例如，在考虑是否推出新产品或服务时，我们需要评估预期收益和开发成本，以确定是否值得投入时间和资源。因此，良好的量化思维可以帮助我们更好地应对变化和调整业务策略。

4. 实验思维

实验思维是指对于优化业务的各种策略进行科学的猜测、实验和评估。在实验思维中，我们首先需要有一些目标和假设。这些目标和假设可以来自我们的经验、专业知识、市场调查等。我们需要设计实验来验证这些假设，并收集数据来评估实验结果。在实验思维中，我们还需要注意一些实验设计原则，例如随机化、对照组、样本量等。这些原则可以帮助我们减少认知偏差和误差，从而得出更加准确和可靠的结论。

实验思维是一种非常有用的工具，可以帮助我们快速、有效地优化业务。通过实验思维，我们可以不断地测试和改进策略，找到最优解，提高业务效率和盈利能力。

此外，要想建设一个高效的数据分析引擎，完善的数据分析体系和匹配的数据中台是必不可少的。这些设施不仅能够保障数据的准确性和完整性，还能够提高数据分析效率和精准度。在数据分析过程中，我们需要因地制宜、因人而异、因时求新，以洞察数据内涵。对于不同的业务场景，我们需要采用不同的数据分析方法和工具，以便更好地挖掘数据中的价值。

1. 因地制宜

为了实现因地制宜，我们需要仔细研究和分析不同行业和业务。这不仅涉及各行各业的发展形势和竞争格局等因素，还涉及不同业务的特性和指标目标。只有充分理解这些因素，才能进行差异化分析，发现其不同之处，从而找到区别于其他行业和业务的机会点。因地制宜还需要我们深入了解业务方的需求和关注点，以提供合适的建议和方案，做出更明智的决策。

2. 因人而异

针对不同的人员角色，我们需要提供不同层级的数据看板和反馈。例如，对于管理层，我们可以提供更高层次的业务经营分析数据，这些数据可以帮助他们更好地了解公司的整体运营状况和趋势，并做出更加明智的决策。对于市场推广部门、产品部门、商业化部门等，我们可以提供更加具体的数据和策略分析，帮助它们更好地了解各自的情况，以及如何更好地推进各自的工作。对于一线人员，我们可以提供实时监测数据，帮助他们更好地了解业务运转情况，及时发现问题并采取措施解决。这些数据看板和反馈支持每一个业务的顺利落地，帮助不同角色的人员更好地应对各种挑战。

除了数据看板和反馈之外，我们还需要提供更为详细的数据报告。这些报告可以包含各种统计数据、图表和分析结果，帮助决策者更好地了解数据的意义和价值，以及如何在实际工作中应用这些数据。总之，我们需要为不同角色对象提供更加全面、专业、个性化的数据看板和反馈服务，这样才能帮助他们更好地了解业务情况、把握市场趋势，以及做出明智的决策。

3. 因时求新

我们需要帮助各方客观认识业务发展过程中的正面或负向波动。当业务处于邓宁·克鲁格效应的"愚昧山峰"期，挖掘数据指标趋势以帮助决策者调整心态，避免在"愚昧山峰"期过度投入资源或者过度抱有幻想。同时，结合数据的波动和不同发展时期的比对分析，协助决策者尽量避开"绝望之谷"期。此外，我们需要把数据转化为知识、智慧，找到"开悟之坡"，从而驱动各项业务指标快速进入"平稳高原"期。

总体来说，精益数据分析的核心在于发现、分析和思考，找到任何能够帮助做好决策判断和促进业务发展的认识。在做决策前，要搭建匹配业务链路的数据模型进行量化评估，以提升判断力，做出正确、精准、更优的决策。在业务发展过程中，要紧盯北极星指标，通过数据驱动各业务单元持续优化策略，反复迭代优化和验证，最终实现产品与市场匹配，从而实现商业创新和业务进一步增长。

推荐阅读

数据产品经理：解决方案与案例分析

作者：杨楠楠 李凯东 姚问雁 高长宽 等 ISBN：978-7-111-71105-6

本书通过多个行业的数据产品解决方案和案例，深度剖析行业内的优秀实践，帮助数据产品经理开拓思维，完善知识体系，活学活用。本书共14章，分为三部分。第一部分（第1~2章）介绍数据建设，主要内容有自动化数据分析平台的搭建、数据埋点的实现流程。第二部分（第3~9章）讲解数据营销，主要内容有数据营销平台、零售行业大数据平台、舆情大数据产品、社会化聆听、商品分析、游戏商业化、初创企业数据化运营等。第三部分（第10~14章）介绍数据驱动，主要分析策略产品案例，包括语音数据的文本挖掘与商业应用、网约车安全的数据化解决方案、智慧城市产品、AI在视频平台中的应用、推荐系统构建等。

精益数据方法论：数据驱动的数字化转型

作者：史凯 ISBN：978-7-111-71721-8

本书分为10章，全面阐述了精益数据方法的4个组成部分：精益数据宣言、精益数字化转型、精益数字化企业和精益数据共创工作坊。第1章阐述了数据驱动的数字化转型的底层逻辑。第2章全面介绍了精益数据方法的起源、定义、构成，以及精益数据宣言。第3章到第8章分别阐述了精益数据战略、精益数据产品、精益数据治理、数据协同创新、精益数据中台和数据驱动的组织文化这6大主题的内容。第9章讲解了企业如何通过精益数据方法实施数字化转型。第10章介绍了行业首创的卡牌桌游式共创方法——精益数据共创工作坊。

推荐阅读

Python电商数据分析实战

作者：周志鹏 ISBN：978-7-111-73784-1

这是一本从数据分析工具和电商业务两个角度讲解电商数据分析方法的著作。全书共15章，主要内容如下：第1~6章主要讲解Python数据分析基础及Python工具Pandas在数据分析领域的使用，让读者零基础掌握Pandas的常见用法；第7~15章从人、货、场3个维度讲解电商的分析方法论以及各种数据分析方法，比如电商数据指标、数据报表自动化、行业机会分析、用户分层实战、用户分群实战、用户偏好分析、同期群分析、指标波动归因分析、电商数据分析模型，并配有大量电商数据分析相关的案例。